"一带一路"倡议与中国经济发展

"一带一路"倡议、
全球生产网络与代工企业升级

刘伟全◎著

中国财经出版传媒集团

经济科学出版社

Economic Science Press

图书在版编目（CIP）数据

"一带一路"倡议、全球生产网络与代工企业升级/
刘伟全著 . —北京：经济科学出版社，2019. 8
（"一带一路"倡议与中国经济发展）
ISBN 978 - 7 - 5218 - 0847 - 6

Ⅰ. ①一… Ⅱ. ①刘… Ⅲ. ①加工企业 - 企业发展 -
研究 - 中国 Ⅳ. ①F426

中国版本图书馆 CIP 数据核字（2019）第 194293 号

责任编辑：于海汛 洪 钢
责任校对：郑淑艳
责任印制：李 鹏

"一带一路"倡议、全球生产网络与代工企业升级
刘伟全 著
经济科学出版社出版、发行 新华书店经销
社址：北京市海淀区阜成路甲 28 号 邮编：100142
总编部电话：010 - 88191217 发行部电话：010 - 88191522
网址：www. esp. com. cn
电子邮件：esp@ esp. com. cn
天猫网店：经济科学出版社旗舰店
网址：http：//jjkxcbs. tmall. com
北京季蜂印刷有限公司印装
710 × 1000 16 开 12. 25 印张 210000 字
2019 年 8 月第 1 版 2019 年 8 月第 1 次印刷
ISBN 978 - 7 - 5218 - 0847 - 6 定价：52. 00 元
（图书出现印装问题，本社负责调换。电话：010 - 88191510）
（版权所有 侵权必究 打击盗版 举报热线：010 - 88191661
QQ：2242791300 营销中心电话：010 - 88191537
电子邮箱：dbts@ esp. com. cn）

摘要

ABSTRACT

　　随着全球化的不断深入，劳动、资本、技术等要素在国际间自由流动，国际分工又产生了新的变化，以跨国公司为主导的全球生产网络逐步形成。全球生产网络是跨国公司在世界范围内依据各国的"优势环节"来配置产品各生产阶段的分工网络，它的形成为发展中国家加入新兴产业提供了机遇和条件，同时还可能对发展中国家相关产业的发展和结构的优化升级产生一定的影响。中国作为具有代表性的发展中国家，积极参与全球生产网络，积极承接国际转移有助于利用跨国公司的生产环节转移等带来的外资和研发资源，以及技术、知识等的溢出来促进我国代工企业的转型升级。

　　我国加工贸易经过改革开放 40 年的发展，已经取得了长足的进步，不仅涉及我国大部分产业，而且在利用外资、引进先进技术和科学管理方法等方面发挥着重要的作用。但我国大部分省区的加工贸易企业大多是在附加值低、技术含量少的生产环节从事生产制造活动，处于价值链的下游位置。从全球生产网络视角出发，全球竞争环境发生了较大变化，各国之间的竞争更主要的表现为在同一产业内不同生产环节上的竞争，即谁占据了产业价值链上的核心或关键环节，谁就获得了最有利的竞争优势。因此，需要重新审视和调整相应的外资政策、产业发展政策及企业战略，以推进加工贸易的产业升级，提升在全球价值链体系中的位置，进一步增强产业国际竞争力，获取更多经济利益。

在经济全球化的浪潮下，东亚分工格局已发生了深刻变化，以日本为"雁首"的东亚分工体系全面解体，日本经济陷入长期萧条而难以自拔，亚洲"四小龙"也面临经济寒冬，经济发展萎靡不振。而中国无论是经济规模还是经济发展潜力，已具有成为引领东亚、中亚和西亚等地区经济发展新"雁首"的能力。当前我国提出"一带一路"倡议，通过互联互通方式与沿线国家建立新的分工关系，重塑国内外经济地理，共同应对全球贸易失衡。从分工角度来看，"一带一路"倡议是一种新的国际分工格局的体现，一方面通过产业互补，产业转移的方式，将中国的优良产能转移到沿线国家或地区，为我国产业结构升级拓展外部空间。另一方面通过对外直接投资，帮助沿线国家基础设施建设，推动其工业化发展，实现与沿线国家的共赢发展。

本书在"一带一路"倡议的大背景下，将代工企业升级放在全球生产网络框架中，从产业升级在参与全球价值链分工的过程中与外部的链联系这个视角分析全球生产网络内产业升级的机制和影响因素，并结合我国加工贸易的具体发展特性探讨对于发展中国家而言，应该如何通过利用外资更好地嵌入全球价值链中，不断提升在价值链中的地位，获取更多的利益分配问题。最后对我国加工贸易企业抓住机遇，在跨国公司全球价值链体系中找准位置，借助其全球生产体系实现加工贸易的转型升级提出合理可行的建议。

研究得出了以下结论：第一，分析了全球生产网络内的知识扩散机制，从承接高新技术产业转移、经济效应和技术外溢效应以及出口示范效应方面分析了参与全球生产网络促进制造业产业结构优化升级的传导机制；第二，建立全球生产网络内产业升级的理论模型，对企业全球价值链序次提升的关键点和突破关键点的能力构建进行了系统的理论分析，并以此框架模型为依据，用面板数据分析了我国机电行业加工贸易转型升级的影响因素；第三，在全球生产网络的分析框架内，对东亚生产网络和代工企业的相关概念进行了界定并分析了山东省代工企业的现状，从代工产品、代工企业、代工客户、代工企业与代工客户关系四个方面构建了实证研究的假设框架。实证研究结果表明代工产品的知识属性和代工客户的特征对产品知识获取的程度产生显著影响且主要是负向的；代工企业的特征以及合作双方的关系对产品知识获取的程度产生显著影响且主要是正向的。

研究的创新性主要体现在采用全球生产网络分析与产业升级研究相结合的研究方法研究了我国代工企业通过参与全球生产网络实现转型升级。全球生产网络研究探讨了不同地区生产系统如何参与全球价值链分工，又是如何进行全球整合的。最重要的是，它能够解释发展中国家的产业与企业如何参与全球分工，获取利润和发展。全球生产网络研究表明，发展中国家产业升级和企业进入发达国家市场已经越来越多地依赖于参与全球生产网络体系的国际分工。本书对于当前我国更好地利用全球生产网络，指导代工企业转型升级有很强的实践意义。

目录
CONTENTS

第 *1* 章

绪　　论

1.1　本书的研究背景及意义

1.1.1　研究背景

伴随着经济全球化的不断深入，劳动力、资本、技术等要素在国家间自由流动，使得全球市场的竞争日益激烈，这种激烈的竞争不断促进西方发达国家的产业结构向高级化发展。而全球化的高度发展是建立在国际分工的基础之上的。20 世纪 50 年代以来，国际分工模式发生了极大的变化，形成了产品内的国际分工，即产品生产中的各个工序和环节在不同的国家间进行重新配置，从而达到资源的进一步优化。跨国公司作为推动产品内国际分工的"领导核心"，在此过程中形成了更有效率的生产和竞争战略。

21 世纪初，国际生产体系中最重要的变革莫过于全球生产网络的产生和发展。而这种生产网络的产生与上述跨国公司的战略有着密切的关系。根据产品生产阶段的不同，可划分为研发、生产、营销等不同的环节，而不同的国家或地区根据其要素禀赋的差异会有各自不同的"优势环节"，因此跨国公司在世界范围内依据各国的"优势环节"配置产品的各生产阶段，从而达到最高效率和最优配置的目的。由此，以跨国公司为主导的国际生产网络逐渐形成。

全球生产网络的形成为发展中国家加入新兴产业提供了机遇和条件，有助于其将自身资源转移到具有相对优势的价值链中去，从而推动技术和产业的升级。相对于以往的由劳动密集型产业向资本、技术密集型产业递进的产业升级模式来看，通过参与全球生产网络可以直接切入到资本、技术密集型产业的生产环节中去，然后利用跨国公司所提供的外资的溢出效应或是产业内部的参与学习机制，不断向产业链高端迈进，从而有效地促进发展中国家自身产业结构的优化升级。

在积极参加东亚生产网络分工的同时，中国的产业结构不断升级，资本密集型和技术密集型的产业比重不断提升。2010年，中国的经济总量超过日本，成为亚洲第一、世界第二大经济体。然而伴随次贷危机所造成的全球经济发展疲软，中国经济也进入新常态阶段，劳动力等传统比较优势逐渐丧失，产能过剩和内需不足等问题突出，亟须通过产业结构调整和产业转移来拓展新的经济增长空间。除此之外，随着特朗普政府一些"逆全球化"政策的推行，中国的对外开放战略以及未来经济发展将受到深远影响。在此形势下，2013年习近平总书记提出"一带一路"倡议，即通过重塑国内和国际经济地理，以互联互通的方式与沿线各个国家实现共赢发展。"一带一路"倡议实质是与沿线国家建立新的分工模式，一方面通过产业互补、产业转移的方式，将中国的优良产能转移到劳动力成本较低的沿线国家或地区，为产业结构升级创造条件；另一方面通过对外直接投资，帮助沿线国家加强基础设施建设，推动中国企业"走出去"，实现中国与沿线国家共赢发展。

中国作为发展中国家的代表，积极参与全球生产网络有助于利用跨国公司的生产环节转移、国际产业转移等带来的外资和研发资源，以及技术、知识等的溢出促进产业结构升级。加工贸易是中国参与国际分工的主要形式之一，已成为中国对外贸易的重要组成部分，同时也是承接新一轮全球生产要素优化重组和产业转移的主要形式。改革开放以来，加工贸易对中国扩大出口、引用外资、促进产业结构调整和升级、增加就业、保持外汇平衡等方面发挥了重要作用。当前，中国已经进入加工贸易转型升级的关键时期，不断加快由制造业大国向制造业强国的转变，建设成为制造业强国是国家的重要战略。因此，充分利用"一带一路"政策的机遇期，参与全球生产网络促进加工贸易转型升级具有重要的理论价值和现实意义。

1.1.2 研究意义

2012年12月的中央经济会议中指出，要坚定不移地扩大改革开放，稳定和扩大国际市场份额，发挥进口对结构调整的支持作用，促进国际收支趋向平衡。会议上提出的 2013 年经济工作的六大任务之一便是加快调整产业结构，提高产业整体素质。由此可见国家对于扩大开放以及产业结构优化升级的重视与支持。

"依靠实业发展，做强实体经济"是中国经济发展的基础和核心。回归实业，由"实业建国"开始，靠"实业兴国"继续，是中国经济持续稳定发展的关键。本课题通过研究参与全球生产网络带来的各种有利资源对促进我国制造业产业升级的影响，提出合理地发展壮大我国制造业，增强我国制造业国际竞争力的政策建议，以期能够为制造业产业升级提供部分有价值的理论依据。

在东亚生产网络加速重构全球分工格局的过程中，全球形成基于产品内分工的广泛的产业链网络。其中，来自欧美和东亚的较先进国家将资本、技术投资于中国，中国成为加工制造轴心，并通过中国香港中转各种贸易品；中国庞大生产体系所需能源、原材料由澳大利亚、俄罗斯、中东、拉美等国家和地区供给；中国产出的最终产品再主要销往欧美，所得美元投向美国政府债券。美国处于产业链高端获得较多回报，以及资本市场繁荣的财富效应，给最终品消费提供强大消费力，由此驱动全球经济链条的运转。中国作为加工制造基地在全球分工格局中扮演中枢环节的角色，中国有必要也有可能在进一步重构全球分工格局方面，发挥重要作用。

在内在需求和外部形势共同作用下，向欧洲拓展、向亚非拉外围国家拓展的国际化战略，成为中国摆脱现实危机、寻求突破和发展的必要选择。2013 年 9 月，习近平总书记在哈萨克斯坦倡议，通过加强"政策沟通、道路联通、贸易畅通、货币流通、民心相通"，共建"丝绸之路经济带"。随后，中国又相继提出建设深化中国与东盟合作的"21 世纪海上丝绸之路"，联结中国西南和缅甸、孟加拉国和印度的"孟中印缅经济走廊"，联结中国新疆与巴基斯坦的"中巴经济走廊"等。由此，海陆双线联结亚非发展中国家、通向欧洲市场的"一带一路"倡议正式提出。

面对全球生产网络的新变化，以及其中大批技术型产业的国际转移，我国加工贸易是否能够从中获得"额外的收益"，是否能够利用"额外的收益"来促进相关产业结构的优化升级，以及如何选择有效的方法引进先进技术从而提高在国际产业链中的位置，成为重要的战略性问题。本课题的研究旨在解决上述问题，为我国加工贸易从组装到制造提供现实建议和理论支持。

1.2 本书的主要内容和创新之处

1.2.1 本书的结构

本书主要研究了参与全球生产网络内产业升级的机制和理论模型、影响全球生产网络内产业升级的因素，并从行业和区域两个角度做了实证检验。全书共分为九个部分：第1章绪论，对本书的研究背景、意义和方法进行了阐述；第2章相关理论与研究综述，对基本理论进行了介绍，并对该方面的研究文献进行了梳理总结；第3章从参与全球生产网络内的知识扩散机制和产业升级机制出发，分析了参与全球生产网络、利用外资促进产业升级的作用机理；第4章构建了全球生产网络产业升级的理论模型，从价值链环节视角分析产业升级的路径和影响因素；第5章分析了我国的"一带一路"倡议和当前东亚生产网络的新变化；第6章从产业层面分析了我国加工贸易转型升级的影响因素；第7章是从企业层面，通过实证检验的方法来验证山东代工企业参与全球生产网络、利用外资是否促进了转型升级；第8章是欧美和日、韩、新加坡等国家加工贸易升级的经验比较；第9章是研究结论和相关政策建议。

1.2.2 本书的创新之处

（1）在全球生产网络的框架下研究加工贸易的转型升级，提出价值链环节攀升的理论模型。将我国出口加工贸易置于全球价值链整体及全球价值链片断的背景下展开分析，有利于对我国出口加工贸易作出准确定位。

（2）大多数学者对于参与全球生产网络和利用外资所带来的对产业升级的影响的研究多采用理论研究的方法，本书采用了理论研究与经验研究相结合的方法。利用1995～2015年的面板数据分析了我国机电行业加工贸易在全球生产网络内实现价值链环节攀升的效果和影响因素。

（3）全球生产网络的地区经济效应方面，利用山东半岛制造业基地为研究对象,通过实地调研,与企业访谈、获取政府部门数据等方式,分别从产业和企业层面对如何利用全球生产网络促进我省代工企业转型升级,做了实证研究。探讨东亚生产网络中代工企业的升级机制,并以山东省代工企业作为实证研究对象,对统计和调研数据进行回归分析,用实证研究分析代工产品的知识属性、代工企业的特点、代工客户的特点以及代工企业和代工客户关系等因素对代工企业学习效应和升级产生的影响。

1.3 本书的研究方法和思路

1.3.1 研究方法

本书采用规范分析法与实证分析法相结合的方法。首先采用了规范分析法,即以一定的价值为基础,考虑结果的可取性,并制定要达到社会目标所要采取的政策。本书前半部分就是在理论的基础上分析了参与全球生产网络、利用外资溢出可能会对产业升级带来的促进作用;然后采用实证分析法,即依赖计量经济学的方法、步骤和计算工具来预测结果、确定定理或者某种理论的可推广性。本书的后半部分就是在学者们对于参与全球生产网络、利用外资等促进产业升级的理论的基础上,根据对前人理论模型的变形以及搜集相关数据来进行的经验检验。两种方法相结合、相互补充,会使内容更具有说服力。

1.3.2 研究思路

首先是问题的提出。在全球化进一步深化、产品内国际分工模式逐渐形成、全球生产网络迅速发展和国际产业转移加速的大背景下,我国加工贸易能否抓住机遇,利用参与全球生产网络、依靠外资带来的溢出效应实现转型升级,是本书所要研究的核心问题。

其次是对问题的分析。本书主要从三个方面进行分析:一是从全球生产网络内的知识扩散和产业升级机制进行理论分析;二是从国际分工视角,研究了全球生产网络内企业实现价值链环节攀升的路径和影响因素;

三是在产业升级的相关理论模型的基础上用行业和地区数据从实证方面对问题进行了经验检验。

最后是问题的解决。通过理论分析和实证检验，再借鉴亚洲特别是东亚国家加工贸易转型升级的经验，结合我国发展的实际提出参与全球生产网络促进我国代工企业转型升级的政策建议。

第 2 章

相关理论与国内外研究综述

随着生产和贸易的不断全球化，当今世界价值创造体系在全球范围内出现了前所未有的垂直分离和重构。如何理解全球化下这种新的全球分工体系，在经济学、管理学、社会学和地理学等诸多学科的交叉发展基础上，全球生产网络/全球价值链作为一种新的研究思路浮现了出来。全球价值链的理论认为产品的各个价值环节在形式上是一个连续的过程，但是在全球化过程中这一价值创造体系通过对外直接投资等形式被分开，即片断化（fragment），在空间上一般离散性地分布于各地。

2.1 全球价值链理论

价值链作为管理学的概念是在 20 世纪 80 年代末由管理学大师波特（Porter，1985）在其著作《竞争优势》中率先提出的。20 世纪末至 21 世纪初，随着经济和生产全球化的发展，世界各经济组织和国际间的垂直分工趋势日趋明显，对全球价值链（global value chain）的分析和探讨成为学界的焦点话题。全球价值链理论为研究当前跨国公司生产经营活动的开展、利益的分配、发展中国家如何参与经济的全球化，并在其中实现产业升级提供了有用的分析工具和方法。

2.1.1 国外相关研究

1. 全球价值链的概念

全球价值链理论来源于 20 世纪 80 年代波特的价值链理论，而寇伽特

（Kogut）的价值链理论对全球价值链理论的贡献更加重要。波特（1985）的价值链概念是在《竞争优势》一书中最早提出的。波特在分析公司行为和竞争优势的时候，认为公司的价值创造过程主要由基本活动（含生产、营销、运输和售后服务等）和支持性活动（含原材料供应、技术、人力资源和财务等）两部分完成，这些活动在公司价值创造过程中是相互联系的，由此构成公司价值创造的行为链条，这一链条就称之为价值链①。

寇伽特（1985）则认为，国际商业战略的设定形式，实际上是国家的比较优势和企业的竞争能力之间相互作用的最终结果。其中，国家比较优势决定了整个价值链条各个环节在国家或地区之间如何进行空间配置；企业的竞争能力则决定了企业应该专注于价值链条上的哪个技术层面和环节，才能在竞争中保持竞争优势②。与波特强调和关注单个企业竞争优势的价值链观点相比，寇伽特的这一观点更能反映价值链的垂直分离和全球空间再配置之间的关系，因而对全球价值链理论的形成更为重要。

20世纪90年代，格里菲（Gereffi，1999）和一些学者提出了全球商品链（global commodity chain，GCC）的分析框架，将价值链的概念与产业的全球组织直接联系起来③。全球商品链理论提出的时代背景是全球采购商（主要是零售商和品牌商）作为全球分离生产和分销体系中关键驱动者地位的日渐上升。换言之，在经济全球化的背景下，商品的生产过程被分解为不同阶段。围绕某种商品的生产形成一种跨国生产组织体系，把分布在世界各地不同规模的企业、机构组织在一个一体化的生产网络中，从而形成了全球价值链。

21世纪初开始，一些学者开始使用全球价值链（global value chain，GVC）代替全球商品链这一术语。英国Sussex大学的发展研究所（Institute of Development Studies，IDS）是目前对全球价值链问题进行较广泛研究的机构，它将全球价值链定义为产品在全球范围内，从概念设计到使用直到报废的全生命周期中所有创造价值的活动范围，包括对产品的设计、生产、营销、分销以及对最终用户的支持与服务等。组成价值链的各种活动可以包含在一个企业之内，也可分散于各个企业之间；可以聚集于某个特

---

① Porter, M. E. Competitive Advantage: Creating and Sustaining Superior Performance [M]. New York: The Free Press, 1985.

② Kogut, B. Designing Global Strategies: Comparative and Competitive Value-added Chains [J]. Sloan Management Review, 1985, 26 (24): 15 – 28.

③ Gereffi, G. A Commodity Chains Framework for Analyzing Global Industries [M]. Duke University, 1999b: 9.

定的地理范围之内，也可散布于全球各地。

2. 全球价值链的动力机制

格里菲等（2003）对于全球价值链理论的贡献更重要的是他根据全球价值链的驱动力对价值链进行了划分[①]。格里菲区分出两种类型的价值链：生产者驱动型和购买者驱动型。生产者驱动是指由生产者投资来推动市场需求，形成全球生产供应链的垂直分工体系。而购买者驱动型是指拥有强大品牌优势和国内销售渠道的经济体通过全球采购和 OEM 等生产组织起来的跨国商品流通网络，通过强大的市场需求来拉动那些奉行出口导向战略的发展中地区的工业化。格里菲关于全球商品链所做的研究，尤其是两种类型价值链的划分具有重要意义，为后续研究全球价值链的运行机制、治理结构、发展中国家的升级对策等奠定了基础。

3. 全球价值链的治理

价值链治理（governance）一词是由格里菲（Gereffi，1994）提出的[②]。弗里和舒密茨（Humphrey & Schmitz，2000）将价值链的治理定义为：通过价值链中公司之间的关系安排和制度机制，实现价值链内不同经济活动和不同环节间的非市场化协调。作为一种制度安排，治理在全球价值链上居于核心地位。因为价值链上各环节公司之间的各种活动、劳动分工以及价值分配，都处于价值链治理之下。治理能保证价值链上企业间的交互式作用不是随机的，而是具有某种组织性。

伴随着全球价值链理论研究的不断深入，全球价值链治理的分类由三种类型到四种类型再到五种类型不断细化。起初，一些学者如鲍威尔（Powell，1990）、梅斯纳和梅耶斯泰默（Messner & Meyerstamer，2000）将价值链的治理结构分为市场、层级制和网络三种组织形式。汉弗里和舒密茨（2000）根据全球价值链治理者对价值链的控制程度，将全球价值链治理结构分成四种类型：市场型（markets）、网络型（networks）、准层级型（quasi hierarchy）和层级型（hierarchy），在这四者之中，后三种是较

---

① Gereffi, G., Humphrey, J. Sturgeon, T. The Governance of Global Value Chain: An Analytic Framework [J]. Paper Presented at the Bellagio Conference on Global Value Chains, 2003 (4).

② Gereffi, G. and Korzeniewicz, M. Commodity Chains and Global Capitalism [M]. London: Pager, 1994: 96 – 98.

为典型的形式①。在汉弗里和舒密茨分类的基础上，格里菲、汉弗里和斯特金（Gereffi，Humphrey & Sturgeon，2003）将全球价值链的治理模式细分为五种，即市场（market）、模块型（modular）、关系型（relational）、领导型（captive）和层级制（hierarchy）。格里菲、汉弗里和斯特金（2003）还指出，全球价值链治理模式并不是静态，也不是严格与特定行业相关联的，在特定的条件下，全球价值链的治理模式之间也可能相互转换②。

克鲁格曼（Krugman，1995）就企业将内部各个价值环节在不同地理空间进行配置的能力问题进行了探讨，使得价值链中治理模式与产业空间转移之间的关系成为全球价值链理论中的一个重要研究领域③。阿恩特和基耶日科夫斯（Arndt & Kierzkowski，2001）使用"片断化"（fragment）来描述生产过程的空间分割现象，这种分割通过跨界生产网络被组织起来，这一跨国界网络可以在一个企业内部完成，也可以由许多企业分工合作完成④。芬斯特拉（Feenstra，1998）进一步发展了这个观点，将全球经济中贸易的一体化和生产的分离相结合，认为通过贸易产生的一体化导致跨国公司的分解⑤。阿恩特和基耶日科夫斯（2001）认为，"所有权的可分离性是一个跨边界生产组织结构的重要决定因素。如果所有权分离是不可能的，跨国公司和海外直接投资可能起到决定的作用；如果产权分离是可行的，那么委托加工等方式就会提上议程，而外国直接投资就不会扮演主要角色"⑥。因此，全球价值链的分离在理论上有两种选择方式：跨国公司内部的垂直一体化或者通过贸易等方式外包出去。

4. 全球价值链升级

卡普林斯基和莫里斯（Kaplinsky & Morris，2002）认为基于全球价值链的升级，是指企业通过达到全球价值链上各种标准，使自身的

---

① Humphrey, J. and Schmitz, H. Governance and Upgrading: Linking Industrial Cluster and Global Value Chain Research [J]. Institute of Development Studies, 2000.

② Gereffi, G., Humphrey, J. Sturgeon. The Governance of Global Value Chain: An Analytic Framework [J]. Paper Presented at the Bellagio Conference on Global Value Chains, 2003 (4).

③ Krugman, P. Growing World Trade: Causes and Consequences [J]. Brookings papers on Economic Activity, 1995 (1): 327 – 362.

④⑥ Arndt, Sven W. and Henryk Kierzkowski, eds. Fragmentation: new production and trade patterns in the world economy [M]. Oxford University Press, 2001.

⑤ Feenstra, R. Intergration of Trade and Disintegration of Production in the Global Economy [J]. Journal of Economic Perspective, 1998, 12 (4): 31 – 50.

技术能力和市场进入能力得到提高，从而更具竞争力[①]。汉弗里和舒密茨（2002）指出在嵌入全球价值链面对各种竞争压力时，生产者技能的提高、突破有进入障碍的节点，从而在一定程度上远离直接市场竞争压力，这些行为的转变都是升级。同时，他们认为不同的全球价值链治理结构会对升级路径产生影响[②]。汉弗里和舒密茨（2002）首次清晰地提出了嵌入全球价值链的地方产业网络升级的四种类型，即工艺升级、产品升级、功能升级和链条升级，从理论上把地方产业网络的升级研究推进了一大步。

众多研究（如：格里菲（1999）；霍布德（Hobday，1995））表明，四种全球价值链升级方式不是相互独立的，其发展次序具有一定的规律性。在研究这几种升级的层次顺序时，格里菲（1999a）等学者认为它们之间存在以下顺序：从工艺升级开始，渐次经历产品升级、功能升级和链条升级[③]。霍布德（1995）则提出从贸易方式上大致遵循 OEA（组装）→OEM（贴牌生产）→ ODM（自主设计生产）→OBM（自主品牌生产）的升级顺序[④]。这种规律在东亚众多国家工业化进程中得到了反映。

如何实现全球价值链升级的问题，国际上许多学者通常结合某国或地区某一具体产业研究该国或地区该产业在全球价值链上的地位，尤其对服装和纺织部门进行了大量实证研究（Appelbaum & Gereffi，1994；Kessler，1999；Bonacich & Waller，1994；Rosen，2000；Gereffi，1999；Bair & Gereffi，2001）[⑤]。另外格里菲、汉弗里和斯特金（2003）对自行车、服装以及美国的电子产业，卡普林斯基等（2003）对家具产业等作了专门研究[⑥]。学者们对这些产业的发展、升级和转移的历史和原因进行了深入的动态价值链分析。

嵌入全球价值链影响产业集群升级方面，汉弗里和舒密茨（2002）进

① Kaplinsky, R. and Morris, M. A. Handbook for Value Chain Research [Z]. Prepared for the IDRC, 2002.

② Humphrey, J. and Schimitz, H. Developing Country Firms in the World Economy：Governance and Upgrading in Global Value Chains [R]. INEF Report 61/2002. Duisburg：INEF – University of Duisburg, 2002.

③ Gereffi, G. International Trade and Industrial Upgrading in the Apparel Commodity Chain [J]. Journal of International Economics, 1999a, 48（6）.

④ Hobday, M. Innovation in East Asia：The challenge to Japan [M]. Cheltenham：Edward Elgar, 1995.

⑤ Bair, J. and Gereffi, G. Local Clusters in Global Chains：The Cause and Consequences of Export Dynamism in Torreon's Blue Jeans Industry [J]. World Development, 2001, 29（11）：1885 – 1903.

⑥ Kaplinsky, R. and Memedovic, O. The Global Wood Furniture Value Chain：What Prospects for Upgrading by Developing Countries [R]. http：//www. unido. org/doc/, 2003.

行了较深入的分析，认为地方产业集群中企业的战略意图和政策环境是升级的两个决定因素①。嵌入全球价值链的产业集群可通过如下三种途径实现升级：其一是通过协作行动，特别是通过技术中心、商业协会等组织和机构，把企业和机构内产生的知识和集群外获得的知识有机地结合起来；其二是承担全球价值链上主导企业愿意放弃的功能，如美国服装采购商愿意放弃东亚供应链的组织而让台湾制造商承担；其三是通过集群内大企业的出现，集群的治理模式转变为等级制，大量的中小企业给少数大的主导企业提供产品和服务。

彼得罗贝利和热贝罗蒂（Pietrobelli & Rabellotti, 2005）研究了拉美产业集群全球价值链升级的经验教训②。他们把中小企业集群分为传统制造业、以自然资源为基础的产业、复杂产品系统产业、专业供应商四类，通过对拉丁美洲 40 个中小企业集群的实证调研和分析，认为升级同时受企业特定的努力和行动以及企业所在的环境影响。巴赞和纳瓦斯·阿雷曼（Bazan & Navas - Alemán, 2004）用系统和比较的方法实证分析了巴西 Sinos Valley 鞋产业集群，认为集群升级前景依全球价值链的治理模式不同而有所区别：嵌入准等级制全球价值链为实现工艺流程和产品升级提供了有利的条件，但阻碍功能升级；如果全球价值链治理模式是纯市场关系，升级不是由全球采购商培育，工艺流程和产品升级缓慢，但功能升级的前景广阔；基于网络的全球价值链提供理想的升级条件，但要求有较高的能力，发展中国家的生产商在以网络为基础的全球价值链上运作的可能性较小③。

2.1.2　国内相关研究

1. 动力机制

国内学者张辉（2004）从驱动力上将全球价值链驱动类型划分为生产

---

①　Humphrey, J. Schimitz, H. Developing Country Firms in the World Economy: Governance and Upgrading in Global Value Chains [R]. INEF Report 61/2002. Duisburg: INEF - University of Duisburg, 2002.

②　Pietrobelli, C. and Rabellotti, L. Upgrading in Cluster and Value Chains in Latin American: The Role of Policies [R]. Washington, D. C. , Inter - American Development Bank, 2004.

③　Bazan, L. and Navas - Alemán, L. Upgrading in Global and National Value Chains: Recent Challenges and Opportunities for the Sinos Valley Footwear Cluster [R]. Brazil in Schmitz, H (ed.), Local Enterprises in the Global Economy: Issues of Governance and Upgrading, Cheltenham: Edward Elgar, 2003.

者、采购者和中间类型，并从动力根源、核心能力、进入障碍、产业分类、制造企业权属、产业联系、产业结构和辅助支撑体系七个方面对此进行了比较①。认为在参与全球竞争的产业发展过程中，如果某一产业参与的是生产者驱动的全球价值链条，那么以增强核心技术能力为中心的策略就是合乎全球竞争规则的正确路径；而参与采购者驱动的全球价值链的产业，就更应强调销售渠道等的拓展来获取范围经济等方面的竞争优势。

2. 地方产业集群的升级

国内与全球价值链相关的文献大多着眼于其具体应用。国内学者张辉（2004，2006）、文嫮（2004，2005）等对中国地方产业集群如何嵌入GVC，实现产业升级作了一些初步分析。张辉（2005）的博士论文系统研究了全球价值链下地方产业集聚、转型和升级等诸多问题，在宏观和微观研究基础上从一个比较中观的视角，系统地诠释了全球化时代地方产业参与全球竞争的基本发展思路和策略。张辉（2006）② 在对西班牙鞋业集群跨越50年时空，分阶段、分层次的分析研究基础上，诠释了产业从地理集中到地方产业集群的外在表现和内在根源，为我国地方产业特别是地方"传统"产业发展，参与全球竞争、沿着全球价值链升级等方面提供了宝贵经验。文嫮、曾刚（2005）以我国陶瓷地方产业集群为例，分析了全球化背景下地方产业集群因为在全球产业联系中处于被动地位而产生的价值流失问题③。文嫮（2005）的博士论文以浦东集成电路地方产业网络为例，探讨了地方产业网络的升级压力，描述了浦东地方产业网络基于"生产者驱动型"价值链的全球竞争格局。她认为价值链治理者——全球领先公司为了自身的利益，会推动地方产业网络实现非关键性升级。而一旦地方产业网络的升级行为，侵犯其核心权益，不管是"产品升级""过程升级""功能升级"，还是"链条升级"，都会被领先公司阻挡和压制④。

姜继娇、杨乃定（2004）引入界面理论研究区域产业集群创新管理问题，提出在全球价值链背景下区域产业集群创新管理的六要素，强调战略、组织、方法、信息、文化和过程的集成性，构建了基于全球价值链的

① 张辉. 全球价值链理论与我国产业发展研究 [J]. 中国工业经济，2004（5）：38－46.
② 张辉. 全球价值链下西班牙鞋业集群升级研究 [J]. 世界经济研究，2006（1）：84－89.
③ 文嫮，曾刚. 全球价值链治理与地方产业网络升级研究——以上海浦东集成电路产业网络为例 [J]. 中国工业经济，2005（7）：20－27.
④ 文嫮. 嵌入全球价值链的中国地方产业网络升级机制的理论与实践研究 [D]. 华东师范大学博士论文，2005.

区域产业集群创新管理模式；并利用管理熵建立了一种综合评价全球价值链背景下区域产业集群创新管理能力的量化方法，以指导区域产业集群创新管理水平的提升①。

另外很多学者从行业和地区两个方面对全球价值链下的我国地方产业升级模式进行了研究。郭亮（2007）、梁军（2007）对家电业，邬关荣（2007）、卜国琴（2006）对服装加工业，乌云娜、黄勇（2007）对建筑业，孟卫东、吕臻（2006）对高新技术产业，汪斌、侯茂章（2006）对浙江地区，朱允卫（2006）对温州鞋业，文婿（2005）对上海浦东集成电路产业，胡军、陶锋、陈建林（2005）对珠三角地区的产业升级模式都进行了相关研究。

2.1.3　评论和启示

格里菲（2003）提出的全球价值链理论是一个比较新兴的理论，目前对其进行的研究尚处于起步阶段。国内与其相关的文献大多着眼于如何嵌入全球价值链，带动地方产业或者产业集群的升级。总的来看，目前的研究有以下几个结论：

（1）国内企业嵌入全球价值链的基础是我国的劳动力优势，是一种"低环嵌入"。我国仍然是发展中国家，劳动力资源丰富是国内企业参与国际分工的比较优势。在嵌入全球价值链的过程中，我国企业处于价值链中的低端环节——加工组装，只能获取微薄的利润；而发达国家的跨国公司——全球价值链的治理者则控制着研发设计、品牌、营销等核心环节，赚取了价值增值的绝大部分利润。

（2）嵌入全球价值链的方式是利用跨国公司在我国的直接投资和外包。生产者驱动的价值链以对外直接投资的方式在全球完成布局，购买者驱动价值链则主要依靠跨国外包。我国对嵌入生产者驱动价值链的产业和地方集群研究较多，主要从 FDI 对国内产业的技术溢出影响来探讨产业的转型、升级。

（3）技术是实现价值链环节攀升的核心要素。目前国内研究主要从我国技术的自主创新和利用跨国公司的 FDI 技术溢出两个方面来研究价值链升级。自主创新容易受到一系列主客观条件的制约，导致效率不高，难以

---

① 姜继娆，杨乃定．基于 GVC 的区域产业集群创新管理研究［J］．科技导报，2004（3）：28－30，50.

迅速培育出我国的技术竞争优势；利用外资技术溢出效应带动我国技术进步，也被国内一些学者的实证研究表明并没取得预期效果。借鉴发达国家的经验，通过对外直接投资（OFDI）到技术要素密集的发达国家主动获取技术，是当前我国企业实现价值链攀升的另外一条重要途径。

2.2 全球生产网络理论、产业结构升级理论研究综述

对于全球生产网络的概念，国内外学者的理解存在差别。全球生产网络的研究起源于对价值链的研究。波特（1985）在其所著的《竞争优势》一书中最先提出了价值链的概念，指出它是对增加一个企业的产品或服务的实用性或价值的一系列作业活动的描述，波特把这些活动称之为价值创造活动。波特还提出，不仅公司内部存在价值链，其价值链与其他经济体的价值链之间也是相连的，这就构成了一个大的价值体系，且该体系中各价值行为之间的联系对公司竞争优势的大小有着至关重要的影响。因此，他将价值链分为企业内部价值链、竞争对手价值链和行业价值链三部分；寇伽特（1995）在研究企业和国家融入全球经济的战略时，提出了整个价值链条的各个环节在不同国家的配置取决于国家的比较优势，与波特相比，其观点更能反映价值链的垂直分离和全球空间再配置之间的关系，为全球价值链理论的形成做出了极大的贡献。

全球生产网络理论的形成正是建立在全球价值链基础之上的。"生产网络"的概念最早是由博勒斯（Borrus，1997)[1] 提出的，他认为生产网络是指一种跨国境的生产组织，而这个组织当中包含了价值链的全部环节，如研发、设计、生产、营销、分配以及服务等，而且这些环节之间相互作用相互联系；斯特金（Sturgeon，2002)[2] 认为，生产网络不仅包括企业在同一产品内的垂直分工所形成的价值链关系，还包括因生产同一产品而相互联系起来的企业之间的集成关系。也就是说，生产网络的概念既包括了生产同一产品的不同生产环节企业之间的纵向联系，又包括了同一生

---

[1] Borrus, M. Left of dead: Asian production networks and the revival of US Electronics. In: Naughton B. The China Circle: Economics and Electronic in the DRC, Taiwan, and Hong Kong. Washington DC: Brookings Institution Press, 1997.

[2] Sturgeon, T. "How do we define value chains and production networks?", Institute of Development Study, University of Sussex Bulletin, 2001, 32 (3): 9 – 18.

产环节上不同企业间的横向关联；国内学者刘德学（2006）① 认为全球生产网络就是生产和提供最终产品和服务的一系列企业关系，而这种关系将分布于世界各地的价值链环节和增值活动联系起来，从而形成的全球价值链或者全球生产链；徐康宁、陈建（2007）② 认为全球生产网络是跨国公司通过对世界各地的生产资源进行整合，采用投资建厂或业务外包的形式，建立起来的世界范围内的工厂或制造基地。他们认为，在这一国际性的生产体系下，不同的生产环节之间产生了大量的零部件或者形成了中间品的贸易，而其大部分体现为国际贸易或离岸贸易的形式，并对所在地的进出口、就业等产生重要影响；张纪（2008）③ 把全球生产网络定义为共同生产某种特定产品的一系列企业的网络组合，它是产品内国际分工的微观基础。

2.2.1 关于全球生产网络内产业升级问题的研究现状

1. 产业结构升级

格里菲（1999）④ 从全球商品链的视角，将国际贸易与产业升级问题相联系，以亚洲服装产业为研究对象，分析了全球生产网络内的学习机制，以及服装产业链内的企业从简单装配到 OEM（代工生产），再到 OBM（代工厂经营自有品牌）的升级路径。他认为服装产业的国际转移所带来的产业升级现象主要表现为服装加工生产内部的升级、商品链中企业之间的升级，以及一国或者一定区域内的升级。而这些升级主要靠信息、技术的流动和组织学习的过程来完成；恩斯特等（Ernst et al.，2002）⑤ 研究了全球生产网络、领导厂商传递知识以及供应商能力的培养三者之间的关系，他们认为领导企业可以通过全球生产网络将技术、知识、管理经验等传递给供应商，以便供应商能够提供符合其需要的产品和服务。因此，全球生产网络成为传递知识和创新的载体。

---

① 刘德学. 全球生产网络与加工贸易升级 [M]. 北京：经济科学出版社，2006.
② 徐康宁，陈建. 国际生产网络与新国际分工 [J]. 国际经济评论，2007（6）：38 - 41.
③ 张纪. 产品内国际分工的技术扩散效应——基于中国 1980 ~ 2005 年时间序列数据的实证分析 [J]. 世界经济研究，2008（1）：53 - 58.
④ Gereffi, G. International trade and industrial upgrading in the apparel commodity chain [J]. Journal of International Economics, 1999, 48（1）：37 - 70.
⑤ Ernst D, Kim L. Global production networks, knowledge diffusion, and local capability formation [J]. Research Policy, 2002, 31（8 - 9）：1417 - 1429.

从国内研究来看，苏桂富等（2005）[①] 分析了全球生产网络下促进加工贸易转型和优化升级的机制。他们认为，全球生产网络内部的知识扩散机制、网络主体的能力形成机制以及合作研发机制对加工贸易的转型升级起到了很大的作用；段文娟等（2006）[②] 从全球价值链和产业升级的基本理论出发，分析了汽车产业链的重构，并提出了关于我国汽车产业升级的若干意见；刘德学等（2005）[③] 基于全球生产网络的组织结构与运行机制，从产业、产品、价值链环节、生产过程、企业角色五个方面界定了加工贸易产业升级的内涵，并且从全球生产网络中知识扩散与组织学习的角度分析了加工贸易的升级过程与机制；张艳辉（2010）[④] 以电子及通信设备制造业为例，根据全球价值链理论中关于产业升级的基本路径，通过构建生产函数，探讨了劳动力、资本、科技投入等要素对电子及机械设备制造业的总产值及新产品产值的贡献程度，并对长三角和其他省市进行了对比，验证了长三角电子及通信设备制造业在全球价值链中的地位，并对长三角未来产业升级提出了可行建议。总的来看，国内对全球生产网络下产业升级问题的研究多集中于加工贸易或者个别产业在参与全球价值链中的升级情况的研究。

2. 产业集群升级

产业集群构成了世界经济的基本空间框架，日益成为全球经济发展的重要主体。可以说当代国际经济的竞争表现为各个国际和地区产业集群的竞争，因为产业集群对于一个经济体来说具有巨大的推动作用，常常是一个国家或地区的竞争力所在。因此，研究产业集群的升级具有重要的参考价值与现实意义。

舒密茨（1999）[⑤] 研究了巴西 Sinos Vally 制鞋业集群的兴衰成败，指出全球化的竞争促进产业集群的发展不仅要加强本地合作，同时还必须加

---

① 苏桂富，刘德学，陶晓慧. 全球生产网络下我国加工贸易转型升级与结构优化机制 [J]. 特区经济，2005（5）：38－39.
② 段文娟，聂鸣，张雄. 全球价值链视角下的中国汽车产业升级研究 [J]. 科技管理研究，2006（2）：35－38.
③ 刘德学，付丹，卜国勤. 全球生产网络、知识扩散与加工贸易升级 [J]. 经济问题探索，2005（12）：33－36.
④ 张艳辉. 全球价值链下长三角产业升级的实证分析——以电子及通讯设备制造业为例 [J]. 上海经济研究，2010（3）：53－67.
⑤ Hubert Schmitz. Global Competition and Local Cooperation：Success and Failure in the Sinos Valley，Brazil [J]. World Development，1999，27（9）：1627－1649.

强外部关联；卡普林斯基等（2001）[①] 运用 GVC 理论分析了集群的四种升级类型：过程升级（process upgrading），即通过重新组织产品生产过程，或在生产过程中引入新技术，从而增加投入产出水平；产品升级（production upgrading），即新产品的研发、高科技的产品线、比竞争对手更快的质量提升等；功能升级（function upgrading），即接受新的功能或者而放弃旧的功能；价值链的升级（chain upgrading），即向高端价值链的提升；日本学者岸本周（Chikashi Kishinoto，2003）[②] 在其文中总结了我国台湾地区 PC 产业集群从 DEM 到 ODM，再到 OBM 的升级路线。他指出，仅仅强调内部关联效应是不够的，应该将其与全球价值链所强调的外部关联相结合，在学习和技术积累的过程中促进产业集群的升级。

国内对于全球生产网络下产业升级的研究较晚。张辉（2004）[③] 对全球价值链理论中的动力机制、治理结构、产业升级等方面进行了概括性的探索，并由此提出要根据自身已有的条件以及价值链的治理模式来寻找最适合的切入点或是价值环节，然后再根据该价值链条的增值路径来安排未来的发展战略，谋求产业升级。吕文栋，张辉（2005）[④] 认为全球价值链对不用价值环节之间的关系的研究实际上就是对各个地域产业集群之间关系的研究。而且全球价值链有着不同的动力来源，其中某个环节的地方集群只有遵循该驱动模式下的市场竞争规则，才会获得正面的竞争效应。詹霞（2007）[⑤] 认为我国的地方产业集群存在着"逐底"和"锁定"现象。地方产业集群作为区域经济发展的载体，正通过大量的外部联系寻求与全球生产网络的融合，力求最大限度地获取价值。而地方产业网络的升级动力主要来源于两个方面：一是网络内部，主要是利用内部联系提升网络创新能力。二是网络整体，主要是依靠积极开拓和合理有效地利用外部联系来提升地方网络获取价值的能力。罗勇、曹丽莉（2008）[⑥] 分析了我国制造业集群在全球价值链中的位置，并结合全球价值链曲线的形状提出了产

[①] Kaplinsky，R. and Morris，M.，A Handbook for Value Chain Research Prepared for the IDRC，2001.

[②] Chikashi Kishimoto. Clustering and upgrading in global value chains: the Taiwanese personal computer industry. In Hubert Schmitz（ed），Local enterprises in the Global Economy: Issues of Governance and Upgrading. Elgar，2003.

[③] 张辉. 全球价值链理论与我国产业发展研究 [J]. 中国工业经济，2004（5）：38 – 46.

[④] 吕文栋，张辉. 全球价值链下的地方产业集群战略研究 [J]. 中国软科学，2005（2）：119 – 124.

[⑤] 詹霞. 基于全球价值链视角的地方产业集群升级对策 [J]. 企业经济，2007（8）：60 – 63.

[⑥] 罗勇，曹丽莉. 全球价值链视角下我国产业集群升级的思路 [J]. 企业经济，2007（8）：60 – 63.

业集群升级的路径，即"底端向上"的"制造升级"，向左右两端高附加值环节的创新升级以及集群自身的结构优化升级。肖建清等（2009）① 从全球生产网络的视角研究了产业集群的技术扩散机制，分析了制约我国外向型产业集群技术创新的因素，提出了实现技术升级和价值链攀升的对策。赵君丽、吴建环（2009）② 从知识扩散和知识吸收的角度分析了全球生产网络下发展中国家产业集群升级的问题。他们将集群的外部知识源、企业的吸收能力以及企业之间的相互作用结合起来，认为在全球生产网络下，集群的升级取决于企业的知识基础、努力强度以及企业之间的知识流动机制。

　　以上学者均认为参与全球生产网络，通过一定的学习机制能够促进产业集群的升级，但王益民等（2007）③ 却认为全球生产网络中战略隔绝机制的存在，使得跨国公司战略空间集聚效应所形成的产业集群存在内部的封闭性，由此便会导致当地产业集群的"升级悖论"，即集群内企业沿某一特定产品——技术路径升级越快，那么当地根植性与当地产业关联被弱化的可能性就会越大。

2.2.2　利用外资促进产业升级的研究现状

　　参与全球生产网络为我国带来了机遇，可以利用全球生产网络所带来的大量外资投入以及外资的溢出效应为产业升级提供条件。

1. 理论研究

　　赫尔希曼对钱纳里（1966）的两缺口理论进行了补充，提出了"三缺口"模型。他认为，在经济发展过程中，技术、管理和企业家的匮乏即"技术缺口"是发展中国家所面临的最重要的约束，资本效率的发挥因此受到限制。当存在"技术缺口"时，发展中国家难以估计在自我研发的过程中所存在的各种风险，需要利用外商直接投资包括技术、知识、管理等一揽子资源的转移来规避风险。因此，随着 FDI 的引入，恰好弥补了上述缺口。

　　日本经济学家小泽辉智（1992）提出了国际投资的阶段发展理论，他

---

　　① 肖建清，刘德学，高南南. 全球生产网络下中国外向型产业集群升级对策研究 [J]. 经济论坛，2009（4）：37 – 39.
　　② 赵君丽，吴建环. 全球生产网络下知识扩散与本地产业集群升级 [J]. 科技进步与对策，2009（11）：36 – 40.
　　③ 王益民，宋琰纹. 全球生产网络效应、集群封闭性及其"升级悖论"——基于大陆台商笔记本电脑产业集群的分析 [J]. 中国工业经济，2007（4）：46 – 53.

认为国家应当按照发展阶段的不同而选择能够更好地推动自身经济健康发展的外商直接投资：尚处于依托资源与劳动力发展阶段的国家，往往更倾向于想要获取丰富的原材料或者廉价的劳动力的外商直接投资；处于逐步脱离要素限制的国家，外资将会更多地投向能够直接、快捷地创造价值和半成品的产业；处于发展到注重和鼓励创新阶段的国家，外资大多流向了集约型的产业。他立足于其本国经济，经分析得出：日本的产业结构升级与外商直接投资有着密切的关系，成功的利用外商直接投资是日本产业结构优化升级的重要影响因素。

2. 实证研究

在经验研究方面，对于 FDI 技术外溢的实证研究文献较多，研究的结论表明技术的提高是影响产业结构调整的关键。格洛伯曼（Globerman，1979）[1] 采用 1972 年加拿大制造业的横截面数据进行了实证检验，结果表明加拿大制造业中 FDI 存在正的溢出效应；舍霍尔姆（Sjoehofm，1999）[2] 研究了外资进入对印度尼西亚某些特定行业发展的影响，得出了存在外溢效应的结论，而且发现，在竞争激烈的行业里，跨国公司对东道国企业的技术溢出效应会更加明显；伯仁斯特恩（Borensztein，1998）[3] 利用 OECD 国家流向的 69 个发展中国家的 FDI 数据进行了分析，结果表明，如果发展中国家有足够的人力资本，那么外商直接投资就会对技术转移具有正面的促进效应，其重要性甚至要高于国内投资，而且会对经济的增长起到积极的作用。何洁（2000）[4] 借鉴费德（Feder，1982）的计量方法，建立内、外资的生产函数，利用 28 个省区市 1993～1997 年的数据进行了回归，发现 FDI 对我国各省区市工业部门都存在明显的正的技术外溢作用，而且在经济发展水平越高的地区，外溢效应越大。郭秀君（2002）[5] 通过定性分析和定量分析研究了 FDI 的引进对中国产业结构调整的作用。她指出，外商直接投资影响着一国产业结构的变化，而且是一把"双刃剑"，

① Globerman S. Foreign investment and "spillover" efficiency benefits in Canadian manufacturing industries [J]. Journal of Economics，1979（12）：42－56.

② Sjoeholm F. Technology gap，competition and spillovers from direct foreign investment：evidence from established data [J]. The Journal of Development Studies，1999（36）：53－73.

③ Borensztein，E. Dearegorio，J. and J－W Lee，. How Does Foreign Direct Investment Affect Economics，1998（45）.

④ 何洁. 外国直接投资对中国工业部门的外溢效应的进一步精确量化 [J]. 世界经济，2000（12）：29－36.

⑤ 郭秀君. 入世与中国利用外资新战略 [M]. 北京：经济日报出版社，2002.

因为，一方面，合理的外商直接投资结构对于一个国家的产业结构调整来说具有正面的积极的作用。而另一方面，不合理的外商直接投资结构将会进一步加深国家产业结构的畸形发展。潘文卿（2003）① 采用 1995～2000 年的面板数据研究了 FDI 对中国工业部门的外溢效应，分析结果表明 FDI 在总体上对内资部门产出增长有积极的作用，外溢效应为正。

在大量的产业结构升级文献中主要研究的是三大产业之间的优化升级，对于制造业内部升级的研究不多，其中使用实证分析的更加有限。杨波、王静（2004）② 利用平均技术装备水平对江苏省 28 个制造业行业数据进行了计算，得出外商投资对江苏省制造业的产业结构升级具有一定的促进作用。陈晓红等（2007）③ 从外资的资本供给和技术外溢的角度来分析外商直接投资促进东道国经济增长并进而促进产业结构升级的作用机理，同时利用中部地区的数据进行了实证分析。

2.3 关于代工企业升级的相关研究

2.3.1 关于代工企业升级的理论研究

从全球价值链的角度来分析，汉弗里和舒密茨（2002）认为代工企业加入全球价值链后，能够通过领导企业的知识溢出、技术培训以及产品模仿等方面的途径吸收溢出的知识，从而促进代工企业的升级，并总结出了 4 种不同角度的升级模式即过程升级、产品升级、功能升级和链条升级。过程升级是指代工企业通过不断熟练和掌握生产技术，并提高企业的生产组织管理水平，从而使企业不断增加产量，改善产品质量，提高企业的劳动生产率；产品升级是指代工企业将生产的产品从生产比较简单、附加值比较低的状态逐渐改进为生产比较精细、附加值比较高的状态；功能升级是指代工企业通过参与研发设计、构建自有品牌、建设营销渠道等手段来

① 潘文卿. 外商投资对中国工业部门的外溢效应：基于面板数据的分析［J］. 世界经济，2003（6）：3－8.
② 杨波，王静. 江苏省制造业利用外资的产业结构升级效应实证分析［J］. 产业经济研究，2004（6）：34－39.
③ 黄日福，陈晓红. FDI 与产业结构升级：基于中部地区的理论及实证研究［J］. 管理世界，2007（3）：154－155.

增强自身功能，提高附加值和利润；链条升级是指代工企业由原来附加值不高的价值链升级到附加值比较高的其他对应价值链①。代工企业具体选用何种角度的升级模式，应该根据自身选用何种模式推进升级较为顺利进行选择。王生辉（2009）提出价值链为代工企业学习和吸收国外先进企业的知识技术以及管理经验创造了有利的条件。在这个知识转移以及学习的过程中，代工企业要充分利用价值链中知识转移的平台以及知识溢出的机制，吸收先进的知识，提升自身的技术水平，从而为自身实行转型升级以及向高利润的环节攀升打下牢固的基础②。陶锋（2011）都提出要构建国家价值链，由我国的领导型企业来占据价值链中的核心部分，从而突破被国外先进企业控制的全球价值链的封锁，提高我国产业发展的技术含量和市场营销能力③。

也有学者从其他角度来分析，孔令丞和郁义鸿（2005）从产品生命周期的角度提出，由于技术更新的速度加快以及人们消费观念的快速转变，产品的生命周期正在不断缩短，从而导致技术转移不再仅仅限于成熟技术，可能在产品周期的任一时间段产生，这为代工企业通过承接技术转移从而实现技术创新提供了依据④。刘善海（2010）则从代工企业核心能力的构建方面研究代工企业的升级，其中核心能力包括研发能力、品牌营销能力、企业家精神、经营战略以及企业文化。此外他还认为代工企业如果具有一定的研发设计能力，就可以对自主品牌进行研发设计，不必一直依赖国外企业的技术，为自身的转型升级创造条件。另外，代工企业要提升自己的品牌营销能力，扩大品牌的影响力，提高品牌的价值，从销售端摆脱国外企业的控制，从而促使企业完成最终的转型升级⑤。

2.3.2　关于我国代工企业升级必要性的研究

虽然代工企业对中国的经济特别是制造业方面的发展起了很大的促进

① Humphrey, J. & Schmitz, H. How Does Insertion in Global Value Chains Affect Upgrading in Industrial Clusters [J]. Regional Studies, 2002, 36（9）: 1017.
② 王生辉. 全球价值链体系中的代工企业组织学习与产业升级 [J]. 经济管理, 2009, 31（8）: 39 – 43.
③ 陶锋. 代工模式的分工位置、组织特征与技术追赶 [J]. 国际经贸探索, 2011, 27（5）: 25 – 32.
④ 孔令丞, 郁义鸿. 经济全球化与"中国制造"：一个基于价值链增值视角的研究 [J]. 科技导报, 2005（1）: 58 – 61.
⑤ 刘善海. 基于核心能力构建的代工企业转型升级 [D]. 上海：华东理工大学, 2010.

作用，但是王建平（2006）的研究指出，因为我国代工企业长期处于产业链低端的生产制造环节，所以对改善产业结构的效果并不好，甚至会导致我国产业结构的失衡，在国际竞争中容易被边缘化①。黄燕（2003）分析指出虽然贴牌生产模式会促进代工企业的发展，但是，代工企业的利润会随着同类代工企业增多而减少②。方壮新（2011）也提出我国代工企业面临着很多困难如原材料价格、劳动力成本以及其他要素价格的上涨；印度、巴西等发展中国家代工业务的快速崛起也加剧了国际竞争；再加上代工的价值含量低，利润少，容易形成对买方的依赖等③。王海兵（2012）也提出，由于我国代工企业长期被抑制在全球价值链的底端，因而其面临着可持续发展的问题，而且随着我国代工企业成本的不断上升，其利润越来越少，竞争压力越来越大，因此我国代工企业容易被别的发展中国家的代工企业所替代④。因此，中国代工企业的转型升级具有必然性，必须向价值链的高端延伸，这也是企业收益最大化的理性选择，而判断代工企业是否适合转型升级应该以获利的稳定性和成长性为标准。

2.3.3　关于代工企业升级路径的研究

国外学者对于代工企业升级路径的研究比较早，霍布德（1995）就明确提出在全球价值链（GVC）框架内，代工企业沿着价值链曲线进行原始设备制造（OEM），原始设计制造商（ODM），经营自有品牌（OBM）这一典型路径进行升级，而后进企业也把 OBM 作为升级的最终目标⑤。而李和陈（Lee & chen，2000）的研究更为具体，他们认为可以从能力构建方面促使 OEM 转型升级到 ODM 甚至是 OBM。从 OEM 转型到 ODM，代工企业可以通过技术模仿、知识学习等活动来实现能力的构建；从 ODM 转型到 OBM，代工企业则需要依靠市场品牌营销、研发设计等活动来实现能力的构建⑥。思琳（Cylln，2000）则从国外先进企业与本国代工企业互动

①　王建平. 国际代工模式下的本地产业空心化危机及应对措施［J］. 中国经贸导刊，2006（2）：28 – 29.
②　黄燕. 代工企业的品牌冲动［J］. 互联网周刊，2003（30）：1 – 9.
③　方壮新. 我国代工企业获取和积累产品开发知识研究［D］. 武汉：武汉理工大学，2011.
④　王海兵. 全球价值链下中国代工企业的转型升级［D］. 山东：山东大学，2012.
⑤　Hobday, M. Innovation in East Asia: The Challenge to Japan［M］. Edward Elgar, 1995.
⑥　Lee, J. R. & Chen, J. Sh., Dynamic Synergy Creation with Multiple Business Activities: Toward a Competence-based Growth Model for Contract Manufacturers. In R. Sanchez and A. Heene（eds），Theory Development for Competence – Based Management. Advances in Applied Business Strategy. Stanford，CT：JAI Press，2000.

交流的角度分析了韩国电子制造业的升级，他认为国外先进企业的知识技术转移虽然促进了韩国电子制造业的转型升级，但是韩国代工企业强烈的学习意愿以及技术创新精神是其转型升级最重要的影响因素，也正是因为如此，韩国的一些电子企业才比较顺利地从 OEM 升级到 OBM[①]。斯特金和李斯特（Sturdeon & Lester，2002）的分析范围比较广，他们分析了亚洲"四小龙"的电子、服装等多个行业，发现这些行业中的代工企业虽然大多数都能从 OEM 升级到 ODM，但之后往 OBM 升级时往往会出现不少问题，这主要是因为这些代工企业在技术研发和品牌营销方面缺少持续的投入、市场竞争压力增大以及对国外领导企业的依赖等[②]。

我国学者对代工企业升级路径的研究方面，毛蕴诗（2006）[③] 和王永法（2012）都认为我国代工企业应该循着"OEM 流程升级—ODM 产品升级—OBM 功能升级"的升级路径。代工企业要根据各个阶段的特征选择相应的方式吸收知识并进行技术创新。章静（2013）提出，OEM 流程升级主要是指代工企业通过技术模仿或产品模仿的方式获取转移过来的知识，从而提高企业生产组织水平。而 ODM 产品升级则是指代工企业通过将吸收来的知识进行消化应用，从而提高企业的生产制造水平和研发设计能力。OBM 功能升级是指代工企业不仅能够实现知识创新，而且拥有了自主品牌和营销渠道[④]。刘志彪（2005）研究认为代工企业要想完成 ODM甚至是 OBM 的升级，除了要靠企业自身不断提升其学习水平和知识创新水平，还需要政府为我国的代工企业创造一个有利的生长和发展环境，并完善相应的制度条件支持代工企业创建自主品牌以及开拓国际市场渠道等[⑤]。

2.3.4　总体评价

本部分对国内外的文献主要是从东亚生产网络和代工企业升级两个角度进行分析。其中东亚生产网络主要是分析了东亚生产网络形成的原因，

①　Cylnn，J. W. Technology Development of Korea's Electronics Industry：Learning from Multinational Enterprises through OEM［J］. The European Journal of Development Research，2000.

②　Sturgeon，T. J. Lester，R. K. Upgrading in East Asian Industries：New Challenges for Local Suppliers［R］. WP for World Banker's Project on Industrial Performance Center 2002.

③　毛蕴诗 . OEM、ODM 到 OBM：新兴经济的企业自主创新路径研究［J］. 经济管理，2006（20）：10 – 15.

④　章静 . 我国代工企业知识转移、技术创新与功能升级研究［D］. 山东：山东大学，2013.

⑤　刘志彪 . 全球化背景下中国制造业升级的路径与品牌战略［J］. 财经问题研究，2005（5）：25 – 31.

东亚生产网络的特征以及中国在东亚生产网络中的地位；而代工企业升级主要是就代工企业升级的理论、代工企业升级的必要性以及代工企业升级的路径进行了分析。从国内外学者的研究中我们发现，自从代工企业升级这一研究框架被提出以来，大多数学者从价值链这个角度分析了代工企业的升级，而从生产网络特别是东亚生产网络的角度研究代工企业如何获取网络中的知识，从而实现企业的升级则比较少。现如今东亚生产网络中的核心成员中日韩正在构建自贸区，东亚经济区域一体化趋势更加明显，占据着优越地理位置的山东则迎来了巨大的机遇和挑战。

2.4　小　　结

本章主要对国内外相关研究进行了综述。首先从概念、理论方面进行了梳理，从价值链的提出到全球生产网络概念的形成，国内外学者有着各自不同的理解，但最终结论基本一致，即全球生产网络就是一种全球价值链的形成和全球资源的整合；然后对不同学者所阐述的有关产业结构升级方面的理论进行了概括总结；接下来将全球生产网络与产业升级相结合，从产业结构和产业集群两方面总结了学者们对于全球生产网络下产业升级的相关研究，多数学者认为参与全球生产网络，通过一定的溢出效应和学习机制能够有效地促进产业升级，但是有的学者也提出了"升级悖论"；然后，从理论和实证两方面总结了国内外学者对于利用外商直接投资促进产业结构升级的相关研究成果；最后，总结了研究加工贸易的文献，绝大多数研究强调加工贸易的产业升级、产品升级、功能升级、区域升级等升级研究，忽视了加工贸易转型的研究。在当前形势下，全球生产网络的盛行和扩大正是由外商直接投资（FDI）所主导，跨国公司在全球范围内所布局的，因此积极参与全球生产网络来促进我国代工企业转型升级，在很大程度上就是提高利用外资的质量和效益来促进转型。

第 *3* 章

全球生产网络下的产业升级机制

3.1　全球价值链动力机制的划分和演变

3.1.1　全球价值链的二元动力机制

格里菲等（1994）根据特定全球商品链链节之间的地位差异，按照价值链中占据主导地位链节的不同，将价值链分为"生产者驱动"（produc-er-driven）与"购买者驱动"（buyer-driven）两种类型，这便是全球价值链的二元动力机制的最初理论[①]。随后，亨德森（Henderson，1998）在这个基础上对全球价值链的驱动力进行了更加深入的研究以后，指出生产者驱动型价值链是由生产者投资来推动市场需求，形成全球生产供应链的垂直分工体系[②]。在生产者推动型价值链中，生产的进入壁垒很高，领先的公司通常是国际寡头，它们拥有技术优势，在协调生产网络（包括前向与后向联系）中居于中心地位，向前控制原材料和配件供应商，向后与分销零售密切联系（见图 3 − 1）。这种价值链在汽车、飞机、计算机、半导体及重型机械等资本技术密集行业中很典型。

---

①　Gereffi，G and Korzeniewicz，M. Commodity chains and global capitalism ［M］. London：Pager，1994：96 − 98.

②　Henderson J. Danger and opportunity in the Asia Pacific ［A］. In：Thompson G. Economic dyna-mism in the Asia Pacific ［M］. London：Routledge，1998：356 − 384.

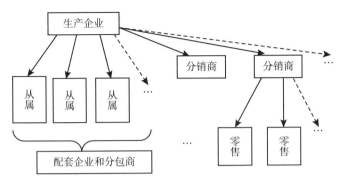

图 3 - 1 生产者驱动型全球价值链

亨德森（1998）同时也对购买者驱动模式进行了界定：拥有强大品牌优势和国内销售渠道的经济体通过全球采购和贴牌加工（OEM）等生产方式组织起来的跨国商品流通网络，能够形成强大的市场需求，拉动那些奉行出口导向战略的发展中国家的工业化。传统的劳动密集型产业，如服装、鞋类、农产品等大多属于这种价值链，发展中国家企业大多参与这种类型的价值链（见图 3 - 2）①。在购买者推动的价值链中，开发和销售品牌产品的公司对生产何时、何地、如何进行以及链条上每一阶段的利润分配拥有无比的控制权。

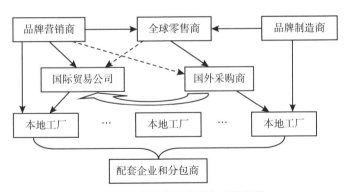

图 3 - 2 购买者驱动型全球价值链

资料来源：根据张辉. 全球价值链动力机制与产业发展策略［J］. 中国工业经济，2006（1）：40 - 48；张纪. 产品内国际分工中的收益分配——基于笔记本电脑商品链的分析［J］. 中国工业经济，2006（7）：37 - 44 及有关资料绘制。

---

① Henderson J. Danger and opportunity in the Asia Pacific［A］. In：Thompson G. Economic dynamism in the Asia Pacific［M］. London：Routledge，1998：356 - 384.

格里菲（1999）从全球价值链的驱动要素、核心竞争力、进入壁垒、经济门类、典型产品、公司性质、网络连接、主要的网络结构八个方面，对生产者和购买者驱动型全球价值链进行了比较研究①（见表3-1）。

表3-1　　　　　　　生产者驱动和购买者驱动价值链的区别

价值链类型	生产者驱动全球价值链	购买者驱动全球价值链
全球价值链的驱动要素	产业资本	商业资本
核心竞争力	研发、生产设计	营销
进入壁垒	规模经济、技术壁垒	范围经济
经济门类	耐用消费品、中间产品设备	耐用消费品
典型产品	汽车、电脑、飞机	服装、鞋子、玩具
公司性质	跨国公司	发展中国家的本土公司
网络连接	以投资为基础	以贸易为基础
主要的网络结构	纵向	横向

资料来源：根据 Gereffi Gary. A Commodity Chains Framework for Analyzing Global Industries. Working Paper for IDS, 1999：9 整理。

从全球价值链驱动力的区别上来看，两种不同的价值链类型有着不同的市场竞争规则。生产者驱动全球价值链的驱动力是产业资本，领导企业的垄断利润来源于企业的规模经济和技术壁垒。因此，领导企业为了能更好地控制价值链的核心环节，更强调技术的研发、生产工艺的改进以及产品的不断更新。同时，领导企业通过产业的垂直一体化来不断强化规模经济来提高技术壁垒，在经营中注重加强硬件条件方面，如关键设备投资等。而购买者驱动全球价值链的驱动力是商业资本，其领导企业的垄断地位来源于范围经济而非规模经济。因此，购买者驱动全球价值链的领导企业更加强调通过品牌建设、市场营销和拓展销售渠道来获得范围经济，在经营中注重加强软件环境建设，如信息沟通管理等。

---

① Gereffi, G. A commodity chains framework for analyzing global industries [M]. Durham：Duke University, 1999：9.

3.1.2 全球价值链动力机制的演进

全球价值链分工实际上就是将比较优势深化到每一个生产链节的过程，在这一过程中，"价值链"会随着新的可供"发掘"的比较优势被"发现"而不断"裂化"，"产品"裂化为诸多的"流程"，而"流程"又被裂化为更小的"工序"。全球价值链的动力机制立足于产品内国际分工的运行，因此产品内国际分工的任何新变化、新动向都会影响到动力机制。

目前，伴随着世界范围内产品内国际分工的发展，"跨境外包"无论从广度还是深度来看，都存在着深化趋势。制造商的外包范围正在逐渐扩大，不但一些零部件分离了出去，而且供应链的物流和最终的组装，甚至一些较为关键的零组件的设计制造都分离了出去；这些产业的核心企业越来越着重于市场份额、品牌推广等具有典型购买者驱动特征的全球竞争规则。因此，当前产品内国际分工的不断深化导致全球价值链驱动机制出现从生产者驱动模式向购买者驱动模式转变的新趋势。

造成这种全球价值链驱动力从生产者驱动模式向购买者驱动模式转变的原因是多方面的：首先，随着发展中国家经济的不断发展，国内的投资条件和投资环境不断改善，这些国家的生产要素价格与发达国家相比更加低廉，这就使它们在制造环节的比较优势凸显出来，造成全球价值链制造环节向发展中国家转移的趋势。其次，从全球价值链中分化出来的生产工序，往往会因自身技术进步所带来的竞争优势而成为发达国家相应环节的竞争者，生产条件的改善使得发达国家更高端的工序继续向发展中国家转移。以电脑产业为例，起初，发达国家向中国台湾转移的主要是电脑机箱、电源等低端工序，而伴随着中国台湾"干中学"的技术能力提高，一些 CD - ROM、硬盘的终端工序，甚至电脑主板芯片高端工序都开始转移过来，原来在个人电脑全球价值链中扮演"生产者驱动"角色的 HP、IBM 等企业开始将重心转向品牌营销的"购买者驱动"环节。最后，随着制造环节向发展中国家的持续转移，发达国家企业的全球竞争优势越来越体现在无形资产方面，而有形资产方面的优势越来越被发展中国家企业所拥有。产品内国际分工的这一巨大变化，对全球价值链的动力机制产生了巨大影响。品牌、销售渠道、链条管理能力等无形资产在全球价值链中的作用正在不断上升，而制造环节的作用正在相对下降。与之相对应，在很多产业生产者驱动的价值链越来越被购买者驱动的价值链所取代。

当然，并非所有的产业都会出现价值链驱动模式的转换。在有些产业，居于战略价值环节的跨国公司通过不断提升核心零部件的设计和制造能力，促使核心零部件实现工艺流程升级和产品升级，甚至链条升级，依旧可以保持其对研发、核心零部件环节的垄断。比如波音公司对民用客机核心零部件的设计和制造能力一直遥遥领先和牢牢控制，Intel 公司对微处理器的设计和制造能力的控制等，使得这种类型的核心零部件制造技术很难被发展中国家企业掌握，相应地，价值链驱动机制依旧是生产者驱动型，难以向购买者驱动型转变。

纵观全球价值链类型的这种转移过程，我们不难发现，价值链驱动模式的转移是产品生命周期现象在产品内国际分工背景下的一种应用。传统的伴随产品生命周期转移的是产品本身，现在开始转向"工序"。当新产品开始出现时，整个产品的生产营销环节都在发达国家，随着技术的成熟，一些制造环节开始向发展中国家转移。这一转移过程有时候是漫长的，短期内，虽然发达国家退出的生产领域越来越多，但是在全球价值链中那些高附加值环节仍然被它们牢牢掌控着。高附加值环节虽然在全球产品链中只占据了很小一段，但是，这些环节的附加值往往占到整条价值链的一半以上，把握这些环节就获得了控制整个产业链的能力。当产品进入衰退期时，营销环节乃至整个产业都转移到发展中国家。因此，全球价值链驱动力从生产者驱动模式向购买者驱动模式转变的过程，正是产品从"创新阶段"向"衰退阶段"的演化过程。

全球价值链的驱动机制一方面说明了在购买者驱动型和生产者驱动型两种全球价值链当中，谁控制了战略环节，谁就控制了整个价值链，在利益分配中具有较大的话语权；另一方面也说明了在当前全球价值链分工条件下，嵌入全球价值链的发展中国家企业要实现价值攀升、产业升级，必须要想法设法靠近、掌握其中的战略环节。

3.2　全球生产网络中的知识扩散和产业升级机制

3.2.1　全球生产网络中蕴含的知识扩散机制

全球生产网络是网络领导厂商进行知识转移和知识扩散的强有力载

体。首先，网络领导厂商需要将技术知识和管理知识转移给当地供应商，从而提高供应商的技术和管理水平，因为只有这样他们才能达到领导厂商的技术规格要求。其次，在知识转移过程中，一旦供应商的能力得到了提高，就会鼓励领导厂商转移更多、更复杂的知识，包括设计、产品研发和工序开发，这样领导厂商可以集中资源和能力从事更具战略性的任务，以适应日益激烈的竞争局面。

当然，知识转移并不是知识有效扩散的充分条件。只有当转移的知识是内部化的，并且能够转化为供应商的能力时，知识扩散才是完整的。知识扩散的程度和效果取决于知识涉及的种类，以及知识转移和扩散的途径。

1. 知识的类型

知识根据其使用目的可以分为不同的类型。本书沿用了波兰尼（Polanyi，1962）对知识的分类，将知识分为显性知识和隐性知识[①]。显性知识是指能够用正式的、系统的语言进行整理的知识，故又称为可编码化知识，它能够通过不同途径相对容易地进行组合、存储、恢复和传递。而隐性知识是指深植于人们的身体和思想里面且不易于整理和交流的知识，它只能在特定的场景下，通过行为、做事进行表达。也就是说隐性知识建立在经验基础之上，人们只有通过观察、模仿和练习才能获取，它的扩散过程需要学徒式的培训和面对面的交流才能完成。当然，隐性知识也可以通过持有人的活动进行转移和传播。

2. 知识转移和扩散机制

网络领导厂商可以通过各种机制来转移和扩散知识。一方面，从知识传播途径来看，知识既可以通过市场（正式的合同条款）在知识供应者和购买者之间进行交付；也可以通过非正式的途径进行转移和扩散。另一方面，从知识供应者的态度来看，领导厂商可以在知识转移和扩散过程中持积极态度，在知识散播过程中对当地供应商给予支持和帮助；相反，领导厂商也可以在知识转移和扩散中持消极态度，在知识散播过程中对当地供应商不提供或提供较少的支持和帮助。根据这两个维度——市场媒介和知识供应者的态度，可以将全球生产网络内知识转移和扩散机制划分为四种

---

① Polanyi, M. Personal Knowledge: Towards a Post – Critical Philosophy [M]. Chicago: University of Chicago Press, 1962.

类型，如图 3 – 3 所示。

图 3 – 3　全球生产网络中的知识扩散和转移机制

　　第一种类型是，如果当地供应商是网络领导厂商的子公司或合资企业，网络领导厂商主要通过直接投资、技术许可、技术咨询等正式途径将知识转移给当地供应商。第二种类型是，如果当地供应商是独立供应商，则他们主要依靠购进标准设备来提高其生产能力，并从新设备中获取知识和技术。此时，领导厂商不一定是设备的供应商，但他们可以提高产品技术要求，间接地迫使当地供应商购买新设备。第三种类型是，领导厂商主要通过 OEM 这种非正式途径直接向当地供应商转移知识。即领导厂商主动以样板、技术规格和技术援助等方式（大多数是无偿的）将知识转移给当地供应商，以确保后者提供的产品和服务符合前者的技术规格要求。第四种类型是，独立的当地供应商使用逆向工程、参观和查文献等途径来获取新知识，提高其生产能力，而领导厂商对当地供应商的这种知识转移机制进行较少的援助。

　　上述四种知识转移与扩散机制在全球生产网络中共同发挥作用，为发展中国家的供应商获取先进知识、技术、管理技能提供了便捷途径，也是当地供应商在生产网络中实现地位提升和产业升级的必经之路。当然，领导企业对知识转移途径的选择不仅受当地相对资源优势影响，而且还受当地企业的辅助资产竞争能力、技术的独占性及知识产权保护力度的影响。此外，领导企业本身的知识转移能力也会影响到知识流入当地的绩效。

3. 知识扩散与当地供应商能力的形成

当地供应商只有自己的能力发展了，才能从网络领导厂商的知识转移和扩散中有效获取知识。而知识的获取和能力的形成需要个人和组织学习。个人和组织是学习和知识创造中的主要参与者，而知识创造往往通过显性知识和隐性知识之间的动态转化来实现。

当一个人（或组织）的隐性知识通过培训与他人共享时，就会产生隐性知识到隐性知识的转化，这一转化过程称之为社会化；当一个人（或组织）将分散的显性知识融合成为全新的显性知识时，就会产生显性知识到显性知识的转化，这一转化过程称之为整合；当一个人（或组织）将其隐性知识明确描述出来的时候，就会产生隐性知识到显性知识的转化，这一转化过程称之为外部化；当新的显性知识通过组织和其他成员之间进行共享，并将其投入使用、扩展、转化为他们自己的隐性知识时，就会产生显性知识到隐性知识的转化，这一转化过程称之为内部化。当地供应商的供应能力主要就是通过这几种机制形成的（如图3-4所示）。

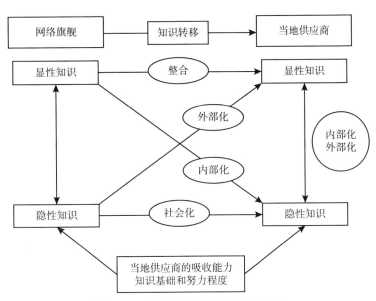

图3-4　当地供应商能力的形成机制

第一，如前所述，领导厂商通常会向当地供应商提供编码化知识，比如包含有新知识的机器、设计图、生产与质量控制指南和产品规格等，这有助于提高当地供应商的生产能力。当地供应商的有关人员（工程技术人员、管理人员）会进行认真学习，试图将他们吸收的显性知识转化为自己的隐性知识，也即内部化。然而仅仅获取显性知识并不足以使当地供应商将吸收的这些知识投入生产，因为显性知识转化为实际操作需要大量的隐性知识。因此，为加大知识扩散的力度，领导厂商通常会邀请当地供应商的有关人员参观其工厂，并接受培训，从而使他们能够弄清领导厂商的生产体系是如何运作的，当地供应商的有关人员通过参观学习和培训，进一步加快了内部化进程。

第二，与此同时，当地供应商的有关人员通过参观学习和培训可以直接从领导厂商那里获取隐性知识，也即社会化。然而当当地供应商的有关人员回国后，在尝试将其从领导厂商那里学到的知识转化为实际操作的过程中，会遇到各种各样的困难。为解决这一问题，领导厂商经常会将他们自己的有关人员派遣到当地供应商那里，帮助他们排除生产操作过程中出现的种种问题，从而使社会化进程得到了有效实现。

第三，当地供应商在组织参观和学习的过程中，会将领导厂商的生产和质量控制指南、人力资源管理手册和产品的标准化操作等显性知识，通过与本地实际和特色相结合，转化形成自己新的显性知识，从而实现了整合过程。

第四，当地供应商的有关人员通过参观学习和培训获取领导厂商的隐性知识后，会通过研讨和组织生产来分享其掌握的知识，于是领导厂商的隐性知识得到扩散，逐渐转化为当地供应商的显性知识，也即实现了外部化进程。

此外，当地供应商内部之间会进行频繁的交流与合作，显性知识和隐性知识的互换与转化，从而当地供应商之间也会出现内部化、外部化以及内部社会化。知识转移和扩散的绩效不仅取决于领导厂商所转移知识的质与量，而且取决于当地供应商的吸收能力，主要表现为其现行知识基础和努力程度。现行知识基础主要体现在隐性知识基本现状，它在知识转移和扩散的过程中起着核心的作用，也决定了转移知识的复杂程度；而努力程度描述了当地供应商员工获取知识的积极性和主动性，它决定了知识转移和扩散的速度。

3.2.2　全球生产网络中蕴含的产业升级机制

广义的产业升级是指，在特定的国内外经济环境和资源条件下，按照一般的产业结构演变规律和产业发展的内在要求,采取一定的措施,不断地提高产业的结构层次和产业发展的内在要求,保障国民经济能够长期地持续增长的一种经济活动。它包括产业结构合理化、产业结构高级化和产业发展国际化。

　　全球生产网络中的产业升级一般是指在某个行业内,以企业为中心的产业升级,因而属于狭义的产业升级范畴。具体来说,它是一个企业或经济体能力的提升过程,在此过程中,他们成功地实现了从参与低附加值的经济活动到参与高附加值的经济活动,从劳动密集型生产转向资本密集型和技术密集型生产。

1. 全球生产网络中的产业升级类型

　　全球生产网络中蕴含的产业升级包含四种类型:流程升级、产品升级、功能升级和价值链升级。

　　所谓流程升级,是指通过提升价值链中某环节的生产加工工艺流程的效益,达到超越竞争对手的目的。具体表现在成本的降低、传输体系的改进以及组织管理水平的提高。

　　所谓产品升级,是指通过提升产品的性能来达到超越竞争对手的目的,既包括对已有产品的改进,也包括对新产品的创造和引进。具体表现在新产品、新品牌、改进产品市场份额的扩充和增加。

　　所谓功能升级,是指通过对价值链环节的重组来获取竞争优势的一种升级方式。具体表现在价值链中地位的提升,专注附加值更高的环节,而放弃低附加值的环节或是将其外包,主要是从生产环节向设计、营销等高附加值环节转移和迈进。

　　所谓价值链升级,是指从一条价值链转换到另外一条相关价值链的升级方式,如中国台湾电子产品制造商从晶体管收音机生产转到电视机生产再到显示器、笔记本电脑的升级。

2. 产业升级的一般轨迹

　　对于上述四种产业升级方式,众多研究表明是有规律可循的。普遍认为,产业升级一般都遵循从流程升级到产品升级再到功能升级最后到价值链升级。在这一升级过程中,典型的轨迹是从 OEM – ODM – OBM,如图3 – 5 所示。

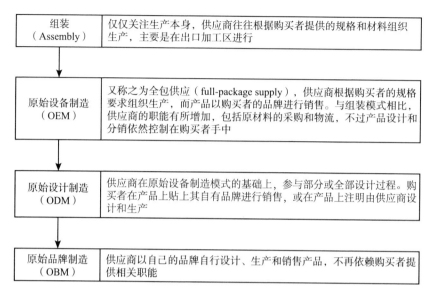

图 3 - 5 产业升级的一般轨迹

3.3 参与全球生产网络对制造业产业升级的影响

随着经济全球化的不断深化，全球生产网络的形成和发展，价值链环节在全球范围内进行分解和重新配置。各国依靠自己的优势资源，进行产品内各流程的专业化生产，从而获取价值链中各环节所产生的差异化利益。中国改革开放以来依靠制造业累积了大量的财富，促进了经济的飞速发展，现在再依靠其参与全球生产网络，在国际分工体系中获得更大的利益，未来进一步巩固、发展经济，做大做强相关产业是否具有可行性？参与全球生产网络，利用外资带来的溢出效应是否能够促进制造业产业结构的升级，是否能够推动由"中国制造"到"中国创造"的转型？这已经成为中国经济发展中所面临的重要问题。

3.3.1 中国制造业现状分析

改革开放以来，尤其在 20 世纪 90 年代以后，中国的制造业迎来了高速发展时期，制造业成为拉动中国经济发展的主力军。改革开放后的第一个十年里（1978～1987 年），中国制造业逐渐复苏，从 20 世纪 80 年代后期开始，中国逐渐拥有了自己的消费品牌；在第二个十年里（1988～1997年），随着国家政策的逐渐放开，以及沿海地区开放程度的不断提高，民营企业迅速崛起，进入了发展的"春天"。在这十年里，中国开始大力兴建各类工业园区，促进制造业集聚。同时，巨大的市场吸引了大批国外制造企业进入中国，中国开始有了外商独资、合资和合作企业，中国的低成本后发优势逐渐显露出来，国际贸易节节攀升，国内市场逐渐繁荣。伴随着民营经济的崛起和外资制造业的进入，沿海地区制造业得到了迅速发展，依靠制造业发展的带动，沿海和内陆地区的经济实力的差距逐渐拉大起来；在改革开放后的第三个十年里（1998～2007年），中国加入了世贸组织，对外开放的步伐加快、程度加深，在中国积极引进外资的各项政策的吸引下，以及全球制造业企业降低制造成本、占领中国及亚太市场的战略推动下，大量外资涌入中国，形成了今天中国数以万计的外资，以及台资、港资等制造企业。在改革开放的第四个十年里（2008～2017年），中国一跃成为全球第二大经济体，国内生产总值占世界经济的比重为15%，并正向高收入经济体迈进。2017年中国进出口总额4.12万亿美元；外汇储备约3.14亿美元；全年对外直接投资超过1200亿美元，其中，仅对"一带一路"沿线国家直接投资额就接近150亿美元。[①]

中国以其拥有的数量巨大的劳动力和规模巨大的市场，以及其优秀的制造业企业，在改革开放以后的四十年里，逐渐地融入世界，成为"世界工厂"，使"made in China"闻名全球。近几年来，中国制造业主要呈现出以下特点：

（1）制造业的全球化。随着经济全球化和信息技术的进一步发展，制造业全球化的趋势日益增强。价值链中与制造业紧密相连的各个环节在全球范围内展开，企业的跨国并购、重组大量显现，制造业资源在世界范围内配置和优化，从而全球制造体系逐步形成。由于制造业是工业的核心，制造业的全球化对处于工业化发展阶段的国家来说是很好的机遇，具有重要的意义。虽然我国仍在积极地推进产业结构的转型，逐步加快、加大服务业的发展，但是现阶段第二产业仍然是国际经济发展的命脉，仍然是推动国民经济发展的主力军。因此，制造业的全球化对于我国制造业的发展、提升制造业的竞争力以及推进工业化进程有着深远的意义。

（2）进入"后工业化时代"。随着产业升级，我们已不可避免地发展

---

① 资料来源：商务部网站。

到以装备制造业为主要特征的"重工业化阶段",也有人称之为"后工业化时代"。装备制造,泛指生产资料的生产,以资金密集、技术密集为特征,包括能源、机械制造、电子、化学、冶金及建筑材料等工业。根据我国的一般经验,在轻工业为主的阶段,GDP 每增长一个百分点能安置 300 万人就业,而在"重工业化阶段"则降为 70 万人。由此可见,重化工业阶段必然要遇到各种棘手的社会经济问题,本课题以现阶段制造业发展状况出发,试图解决制造业中的一些问题,并为今后制造业的发展提供一些建议。

(3)制造业利用外资逐年增多,外资投向逐渐由劳动密集型产业向技术、资本密集型产业转移。外商投资产业链不断延伸,配套规模逐渐扩大。同时,外商投资企业设立的研发机构也开始逐年增加。

(4)虽然制造业的增加值不断增长,但是制造业创新能力不足,缺乏核心竞争力。中国制造业在全球制造业中的份额在不断增加,但是在生产过程中关键技术的自给率却很低,对外技术依赖性过高,使得中国经济的发展主要靠外国技术和装备来支撑,存在着极大的风险性。巨大的人力资本优势固然很重要,但是技术才是核心和关键,只有把握住核心技术,才能让产业结构转型、升级不成为空谈。

(5)低端产品的生产扩张严重,高附加值的产品主要依赖进口。企业一度的盲目扩大产量,使得我国制造业在低附加值产品的生产上产能过剩,从而存在"低端锁定"的现象。而高科技工业品仍然大量依赖进口,这成为我国制造业转型升级的一大瓶颈。

3.3.2 国际制造业转移与制造业产业升级

在经济全球化和区域经济一体化的大背景下,国际制造业转移的国际环境发生了变化,各国经济的依赖性变得更强,发展中国家争夺国际资源的竞争日趋激烈,高新技术对于制造业生产的影响越来越大,制造业的分工日益深化,这些都使得制造业的国际转移趋势发生了一定的变化。发达国家通过制造业转移来调整其产业结构,实现全球战略目标;发展中国家则通过承接国际制造业转移来加快制造业产业升级和本国经济的发展。中国作为发展中国家的代表,又是个制造业大国,具备了承接制造业国际转移的能力和实力,应该通过积极的承接,来加快本国制造业的发展,提升制造业的层次,向制造业强国迈进。

利用制造业的国际转移，加快我国制造业的产业结构优化升级可以从以下方面出发：第一，要加快我国制造业产品由劳动密集型向技术密集型的转变，从而提高我国制造业的竞争优势，提高产品的附加值，彻底改变制造业产品被"低端锁定"的状况，提高制造业生产的效率和效益。第二，提高企业的自主创新能力和研发水平。培养一批高新技术产业，掌握科技发展的主动权，从而保证制造业在激烈的国际竞争中"站稳脚跟"，促使更多的先进制造业向我国转移。第三，促进产业集群的发展，产业集群的发展更能促使国际制造业向该地区的转移。拥有良好的配套设施，就能够起到更大的承接效应。因此，完备的产业集群是积极承接国际转移的良好基础。第四，加快制造业的对外开放。对于已经初具规模的制造业企业而言，可以依据"走出去"战略，实行扩大经营或者进行国际并购，从而扩大本企业的实力和国际影响力，使企业进一步发展壮大。

制造业的国际转移过程其实是一个包含资本、技术、知识转移的复杂过程，其对东道国经济的影响是不容忽视的，对制造业产业升级的影响也是多方面、多层次的，主要包括以下几个方面：首先是资本效应。对于发展中国家，尤其是处于工业化发展阶段的发展中国家而言，资本是决定经济增长的主要因素。在承接制造业国际转移的过程中，伴随着制造业产业资本、资源的流入，使东道国的资本积累增加，从而改变东道国的投资结构，这就从根本上改变了产业结构形成的物质基础，最终提高该产业的资本密集度，实现产业结构的高度化。同时，还可以通过与外资的结合，以及并购等形式，盘活存量资产，实现原有资产的重新组合，从而加速产业结构的优化升级。其次是产业关联效应，包括前向关联效应[①]和后向关联效应[②]。一般认为，后向关联效应比前向关联效应对东道国技术、产业升级的影响作用更大一些。后向关联效应可以通过帮助供货商建立生产设施、为改善供货商的产品质量和技术等提供组织上的培训和帮助等，这些后向关联效应所产生的技术溢出就是主要产生于跨国公司子公司和当地企业的合作过程中。最后是出口效应。通过承接制造业国际转移可以优化制造业的出口结构，从而促进东道国制造业结构的优化升级。东道国可以借助跨国公司在全球的生产和销售网络进行大量出口，以扩大生产规模，达

---

① 前向关联效应：是指移入产业的活动能够通过削减下游产业的投入成本而促进下游产业的发展，从而为新的工业活动的兴起创造基础，为更大范围的经济活动提供可能。

② 后向关联效应：是指移入产业的发展会对各种要素产生新的投入要求，从而刺激相关投入品产业的发展。

到规模经济的优势，进而优化出口结构。

3.3.3 参与全球生产网络与制造业产业升级

制造业的国际转移在一定程度上促进了我国企业参与全球生产网络，但是国际转移与参与全球生产网络还存在很大的区别。全球生产网络的形成主要是依靠价值链上不同环节的分工。跨国公司将产品的价值链分割成若干个独立的模块，以降低生产成本为最终目的，在全球范围内进行模块的配置，从而形成多个国家参与全球价值链的不同阶段的国际分工体系。简单来说就是在全球范围内进行优势资源的重组。而制造业的国际转移仅仅是指发达的国家或地区将某一制造业行业、产品或区段转移到不发达的国家或地区，并在移入国形成集聚。两者有相互重合的地方，那就是不论是制造业的国际转移还是全球生产网络，在跨国公司全球配置资源的过程中，都不可避免地将东道国纳入自己的生产体系当中。但是，全球生产网络所涵盖的概念、理论等的范围要远远大于国际转移。制造业的国际转移对制造业产业结构的优化升级有积极的促进作用，那么相比较而言，参与全球生产网络对我国制造业结构调整的作用也不可小觑。

以跨国公司为代表的领导企业所建立起来的全球生产网络是以追求最大利润为目的的。为了提高竞争力、提高生产效率，领导企业就不得不向当地的供应商转移相关的技术、知识等，从而导致了技术、知识的流动。在其转移过程中也遵循利润最大化目标，因此，通过利益权衡，比较该项技术、知识转移的边际成本与边际收益后，在不影响公司长期发展同时又能带来边际利润的情况下便采取知识转移。但是跨国公司的技术、知识转移是依据自身利益的，对东道国的利益考虑很少，跨国公司提供各项技术、知识的先进程度主要是以公司的利益为标准的，很少考虑当地的经济需求，这是为了使受让方长期处于依附状态，从而保持其技术垄断地位。但是总的来说，在全球生产网络下，这部分有限的技术、知识的转移是发展中国家从事加工等的制造业企业获得先进技术、知识、管理技能等的便捷途径，也是这些企业在生产网络中实现产业结构优化调整的必经之路。

3.4　参与全球生产网络促进制造业产业结构优化的传导机制

3.4.1　通过承接高新技术产业转移促进制造业产业升级

跟以往的传统企业相比，高新技术产业具有拥有先进技术和先进生产力的特点，是决定国家未来经济发展的方向，对经济发展有巨大的推动作用。同时，高新技术产业易于拆分，其生产、研发等过程可以在不同的国家内进行，具有很大的市场潜力和良好的市场发展前景。高新技术产业不仅能够带动传统产业的技术改造，而且其更新换代速度较快，能够更好地激发新产品、新技术的出现。因此，高新技术一直是各个国家发展的重点。对于我国来说，近几年来，高新技术产品出口中加工贸易出口的比例一直在 80% 以上，其出口产品按贸易方式分布状况如图 3-6 所示。可见，高新技术产品加工贸易是近年来推动我国高新技术产业发展的主要动力。

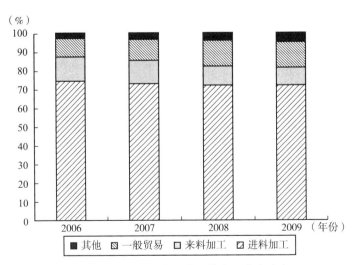

图 3-6　高新技术产品出口按贸易方式分布

但是发展中国较发达国家相比，不具备发展高新技术的比较优势，在很大程度上很难依靠自己的研发等促进本国高新技术产业的发展。而同时，发达国家的跨国公司想要保持自己在高新技术产业的优势地位，保持利润的最大化，会将一部分产品或者生产阶段转移到其在发展中国家建立的子公司或关联公司，这种转移就为发展中国家高新技术产业的发展提供了良好的契机。发展中国家通过承接的方式接受高新技术产业的移入，其自身所需要提供的技术和资金都较低，从而不仅可以利用跨国公司的资金以及先进的技术和管理经验，还可以利用跨国公司进一步打开国际市场。

通过此种途径，使发展中国家慢慢摆脱其在国际分工和利益分配中的不利地位，同时通过积极地承接高新技术产业的转移，提升制造业企业自身的技术和管理水平，从而促进整个产业的优化升级。

3.4.2 通过经济效应和技术外溢效应促进制造业产业升级

在东道国企业参与全球生产网络的过程中，会伴随着资本、实物等资源的流入，从而会使东道国的资本积累增加，能够有效地缓解资金不足等发展瓶颈，为企业的发展发挥良好的造血功能。同时，跨国公司对于其国内无法获得的，或是质量难以保证的中间产品的需求往往又会引致母国相关企业的辅助或者追加投资，有可能在东道国内产生投资的"乘数效应"，从而促进东道国的经济增长。而经济的增长通过对投资的加大以及技术的研发和引进等途径对制造业产业升级具有正向的推动作用，从而实现经济效应。

同时，在参与全球生产网络的过程中，也可以说在吸收外资的过程中，研发、人力资本等因素会通过各种渠道导致技术的非自愿扩散。东道国内的企业通过学习效应向外资、向跨国公司学习先进的技术和管理经验，从而增强自身在国内、国际市场上的竞争力，提升企业的整体水平，逐渐促进整个制造业产业的优化升级，这就是外资所带来的外部经济性。这种技术溢出效应主要来自三个方面：第一，跨国公司通过内部化优势直接向东道国转移新设备和新技术等，这些新设备和新技术和当地的资源相结合形成新的生产力，从而对产量的增加、质量的提升、效益的提高、经济的增长、结构的改善等产生积极的作用；第二，跨国公司子公司的进驻，会对东道国当地企业起到一定的激励作用，因为一方面外资先进的技术和管理经验使其具有一定的竞争优势，从而加剧了东道国相关企业、行业等的竞争，打破了原来所建立的市场均衡，从而迫使当地企业加大研发、提升技术、改善经营管理、提高竞争力，这就形成了间接的促进作用；第三，通过"关联效应"对上、下游企业产生技术溢出。这就是我们前面所提到的前、后向关联效应。外资企业通常具有技术、信息等方面的优势，当其子公司与东道国当地的客户或者供货商发生联系的时候，东道国当地的企业就会从其子公司先进的技术、工艺、工序和信息等方面获得"免费搭车"的机会，从而产生技术溢出效应。以上三方面的技术溢出都会对制造业的产业升级起到一定的促进作用，是获得技术溢出、推动产业升级的有效途径。

3.4.3　通过出口示范效应促进制造业产业升级

全球生产网络中，跨国公司子公司在东道国的出口对东道国企业来说起到了一定的示范作用。东道国企业通过学习和模仿，可以由原来的只涉足国内市场而转向开拓国际市场，从而有效地拓宽东道国企业的销售渠道。同时，跨国公司将国外市场的结构、消费者偏好、竞争程度、产品分销等出口信息传递给东道国企业，这就为东道国企业开拓国际市场提供了良好的信息资源，为打开国际市场奠定了基础。

从图 3 - 7 中可以看出，工业制成品出口额的变化趋势和外商直接投资企业货物出口额的变化趋势相同，我们可以推测，随着外商投资企业货物出口的增多，对国内企业起到了一定的示范效应，从而增大了工业制成品的总出口额。同时，通过图 3 - 8 可以看出，外资制造业出口贡献度①从 2000 年开始一直保持在 50% 以上，而在 1991 年到 2000 年之间（此图中没有给出）更是呈现出直线上升的趋势，这说明外资制造业有力地推动了我国工业制成品的出口，对于我国制造业出口结构的升级起到了一定的积极作用。

另外，跨国公司在东道国出口产品的质量、技术含量等都较高，对于国内已有的出口类似产品的企业来说是一种挑战。从而东道国企业会通过提升自身产品的品质等渠道来应对这种竞争，这无形中为制造业产业结构的优化升级奠定了基础。

---

① 外资制造业出口贡献度：在这里是指外商投资企业货物出口额与工业制成品出口额的比值。资料来源：历年《中国统计年鉴》整理计算所得。

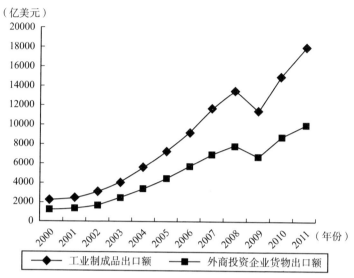

图3-7 工业制成品出口额与外商投资企业货物出口额走势图

资料来源:《中国统计年鉴》。

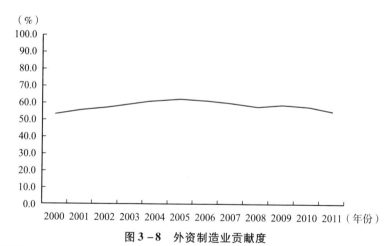

图3-8 外资制造业贡献度

资料来源:《中国统计年鉴》。

3.4.4 通过就业效应促进制造业产业升级

在参与全球生产网络的过程中,就业量会有所扩大,尤其是对于发展中国家作为东道国而言。但是就业的增长幅度在不同的部门之间是不一样的，即使在同一部门之间也会有所差别，技术工人和非技术工人的不同增长量就会导致就业结构的改变。而这种结构的改变从根本上取决于企业的创新能力和技术效率。一方面，随着跨国公司在东道国内或者从本国引进高技术人才，来提升了技术工人的比例，提高了本行业的技术效率，从而会对产业结构的优化升级起到一定的促进作用；另一方面，跨国公司子公司会对在东道国当地新引进的人员进行技能、管理才能等方面的培训，这种无形的知识、技能的溢出同样会通过各种渠道提升产业层次。总的来看，通过就业效应，能够有效为制造业的优化升级做出贡献。

3.5　利用外资与制造业产业升级关系的理论模型

加工贸易是发展中国家参与全球生产网络、利用外资的主要形式，这里我们以参与资本密集型加工贸易为例来进行参与全球生产网络对产业结构影响的理论模型分析。

20 世纪 90 年代中期以后，以跨国公司为主导的外商直接投资逐渐成为加工贸易的主要发展动力，在产业结构和技术水平上都有了较明显的提升。加工贸易已经成为发展中国家参与全球生产网络的主要形式，并对产业结构的优化升级起着积极的作用。

为进一步说明，提出以下假设：第一，有两个国家，国家 A 和国家 B，其中，A 国为发达国家，资本相对丰富，B 国为发展中国家，劳动力相对丰富。第二，两个国家均使用两种生产要素，资本 K 和劳动力 L。但是生产要素只能在一国内自由流动，两国间不流动。第三，国家 A 和国家 B 只生产两种产品，产品 X 和产品 Y，其中 X 是资本密集型产品，Y 是劳动密集型产品。第四，不存在贸易障碍。

假设产品 X 的生产包括 X_1 和 X_2 两个生产阶段，它们可以无成本地结合成最终产品 X。X_1 相对于 X_2 来说，属于资本密集型产品，X_2 相对于 X_1 来说，属于劳动密集型产品。X_0、Y_0 为生产可能性曲线，OX、OY 为扩展线，C 为等成本线，X 产品的最优点为 E_x，Y 产品的最优点为 E_y。当 A 国专业生产 X_1，而将部分或者全部生产阶段 X_2 通过外包、直接投资等方式转移到 B 国，那么 B 国将专业于 X_2 的生产，如图 3-9 所示，生产可能性曲线 X_0 下降至 X_0' 的位置，在不变的要素价格比下，新的最优点为

$E_{x'}$。但是，由于假设的是商品价格比不变，因此 E'_y 点不可接受，要素价格比必然会发生改变，以使新的等成本线 C'' 与 X'_0 和 Y_0 都相切。这样就形成了最终 X 的投入组合点最优 E''_X。此时，产品 X 和产品 Y 的资本密集度都下降了。

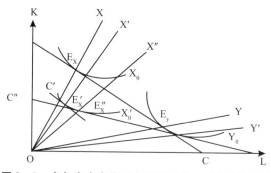

图 3 - 9　参与资本密集型产品国际分工对生产的影响

下面，我们利用图 3 - 10 的盒状图来对 B 国参与全球生产网络（国际分工）对其产业结构的影响进行分析。P 是位于效率轨迹上的初始均衡点，在这一点上，K/L 的比值对应于图 3 - 9 中 OE_x 和 OE_y 的斜率。由于技术进步是由资本节约影响的，因此，新的效率轨迹不会与原来的效率轨迹完全相同。等产量线 X'_0 在 E'_x 点的斜率与等产量线 X_0 在 E_x 点的斜率相同。根据一阶齐次生产函数的径向性，沿着射线 O_xP，Y 的等产量线保持相同的斜率，X 和 Y 的等产量线相切于 P'，该点是位于新轨迹上的一个效率点。P' 点比 P 点距原点 O_y 更近，表示一个数量较多的商品 X 和数量较少的商品 Y。但在商品的相对价格保持不变的情况下，P' 点是不可接受的，X 和 Y 部门的 K/L 比都会进一步下降，在新的效率轨迹上达到 P'' 点，从而使 O_xP'' 的斜率与 OE''_x 的斜率相同，O_yP'' 的斜率与 OE'_y 的斜率相同。P'' 距原点 O_y 更近，说明发展中国家在参与资本密集型产品的国际分工后，资本密集型产品 X 的产量增加，而劳动密集型产品 Y 的产量减少。由此可见，随着技术的进步，发展中国家逐渐趋向于生产资本密集度更高的产品，因此，更多的资本与劳动将从劳动密集型生产部门流向资本密集型部门，从而实现产业结构的优化升级。

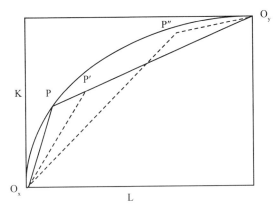

图 3 - 10　参与资本密集型国际分工对产业结构的影响

3.6　小　　结

本章首先从全球生产网络动力机制分析,然后分析在不同驱动力作用下生产网络的类型、特征,在此基础上研究了全球生产网络中的知识转移和扩散机制,分析了产业升级的机制和轨迹。在介绍了近几年来中国制造业所呈现出的特点的同时,就国际制造业转移对发展中国家产业升级的影响作了阐述,说明了中国制造业积极承接国际转移的重要性。然后,在比较了国际转移和参与全球生产网络的区别的基础上,分析了参与全球生产网络对制造业产业升级的影响。其次,从承接高新技术产业转移、经济效应和技术外溢效应以及出口示范效应和就业效应几个方面分析了参与全球生产网络促进制造业产业结构优化升级的传导机制。最后,以参与资本密集型加工贸易为例对参与全球生产网络对产业结构影响的理论模型进行了分析。

第 4 章

全球生产网络内产业升级的
理论模型和影响因素

4.1 全球生产网络本质的经济学分析

全球生产网络概念的提出，就其表现形式来看，是强调资源以价值链的形式在世界范围内的优化整合。由于产业特征的差异，世界经济资源优化配置是通过不同的"价值链治理模式"来实现。所谓经济资源的优化配置，在古典经济学看来，指的是：在均衡价格条件下，劳动、土地和资本等投入要素获得均衡的要素收入，也就是资源配置达到帕累托最优状态。因此，"要素收入"是传统西方经济学分配理论的核心内容，而全球生产网络理论则是对这一传统理论的颠覆。

通过各种形式的价值链治理模式讨论，我们可以得出：价值链治理模式本质上是确立垄断企业对价值链所产生的"经济租"的控制权。这一判断隐含的结论包括：

（1）生产要素在全球范围内的优化配置会产生超过要素机会成本的经济剩余，即所谓的经济租。"经济租"（economic rent）作为价格的组成部分，是要素收入与其机会成本的差额。如图 4-1 所示，在均衡价格（P_0）和均衡产量（Q_0）条件下，企业的总收入为 OQ_0EP_0，其中，$OAEP_0$ 为传统经济学所描述的要素收入，AEP_0 则为经济租。

全球生产网络的经济学意义之一，正在于分析这种价值链分解下的经济租来源。按照卡普林斯基和莫里斯（Kaplinsky and Morris，2003）的分析，价值链经济租本质上源于价值链通过一定的治理模式保护价值链参与

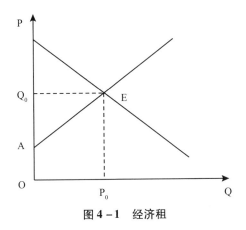

图 4 - 1　经济租

者远离市场竞争的直接威胁，从而是一种因全球生产网络"治理"（gov-ernance）而形成的壁垒效应所带来的超额回报。经济租可以为跨国公司热衷于全球生产网络治理提供一个理性的解释变量。

（2）全球生产网络理论将企业理论从以价值生产（成本理论）为中心转向以价值活动控制为中心。在传统的经济学理论框架中，由消费者选择所决定的需求函数以及由成本函数决定的生产函数的耦合，决定了企业价值的形成与实现。在给定的需求函数条件下，企业利润最大化的基本途径就是降低成本。全球生产网络理论则在价值生产与实现方面走得更远，因为在全球生产网络视角下，并不是每一个处于价值链条上的企业都直接生产价值，企业在价值链上的收益分配比重也与其直接生产的产品价值无关，甚至与企业生产过程中成本降低幅度也没有正相关关系。因此，全球生产网络理论的重要突破之一，在于企业在产品生产上的制造能力、或者说企业在加工能力上的垄断地位被淡化，取而代之的是企业对全球生产网络的控制力。任何企业一旦被并入全球生产网络，其价值实现将取决于价值链条上的控制结构。而价值链的控制结构实际上就是企业对价值链"战略环节"控制能力的体现。在全球生产网络价值链战略环节上拥有垄断优势的企业，则是全部价值活动的控制者，从而也是全球价值链这一资源配置方式的最大获益者。可以说，从产品生产垄断优势向全球价值链控制优势转变，是第二次世界大战以后世界经济微观基础最为实质性的变化之一。

（3）企业的价值链经济租控制力是由其在全球生产网络中的地位和作用决定的，而企业在价值链中的地位和作用则是其全球生产网络中"片断内竞争力"与"片断间竞争力"的函数。卡普林斯基和莫里斯（2003）曾将全球生产网络中存在的"经济租"区分为内生的和外生的两大类。"内生经济租"产生于生产网络体系之中，而"外生经济租"则源于生产网络赖以生存的外部环境（见表4－1）。

表4－1　　　　　　　经济租的类别、形式和来源

经济租类别		经济租形式	经济租来源
内生经济租	企业内	技术经济租	技术比较优势
		人力资源租	人力资源比较优势
		组织—机构经济租	企业组织比较优势
		营销—品牌经济租	营销与品牌优势
	企业间	关系经济租	关系资源优势
外生经济租		自然资源经济租	自然资源优势
		政策经济租	高效率的政府环境
		基础设施经济租	高质量的基础设施
		金融租	金融支持

资料来源：Kaplinsky R & Morris M. Governance Matters in Value Chains ［R］. Developing Alternatives，2003，9（1）：11－18.

　　上述分析方法虽然对企业获取价值链经济租垄断优势作出了因素解释，但对价值链经济租控制力缺乏结构解释能力。要系统解剖企业价值链控制力形成的结构性成因，我们借用"价值链片断化"概念。在对全球价值分析中，阿尔恩特和凯尔科斯（Arndt and Kierzkowski，2001）首次使用"片断化"概念，用以解构全球价值链的结构性特征。与Kaplinsky和Morris的"因素法"不同，"片断化"理论更注重控制力的内生性。所谓片断化，就是将全球生产网络内的价值链分解为不同环节，从而形成价值链"片断内竞争力"与"片断间竞争力"两种性质不同的竞争结构。在全球价值链的同一片断内，企业对经济租的控制力来自比较成本优势的差异。我们将这种同一片断内企业成本差异所决定的市场地位或竞争力差异，定义为企业在价值链片断内的"序次"。
　　企业在其产业内的竞争力或"片断内竞争力"决定了它在某一片断内的"序次"。而企业在全球生产网络体系中所处的位置，也就是在价值链中的角色差异或功能差异，则被定义为"位次"。企业在全球价值链的

"位次"的决定，将由其"片断间竞争力"给出。总之，结构分析显示，企业对全球价值链经济租的控制力是由两种既相互区别又相互联系的竞争力决定的。这是我们提出全球生产网络产业升级理论模型的基本出发点。

我们从全球价值链本质特征中，拓展出全球生产网络理论模型。后面的分析将说明，基于企业比较成本优势的"片断内竞争力"，其意义不仅仅在于发挥市场竞争机制常规的优胜劣汰效应，更重要的是，"片断内竞争力"将有助于企业培育其具有专有性和专用性特质的竞争性资产。这种竞争性资产构成企业的核心能力，从而是企业提升其"片断间竞争力"的客观基础，是企业跨越价值链片断、实现"位次"攀升的基本支撑。

4.2　企业全球生产网络的"位序"假说

以跨国公司为主导的全球生产网络延伸及其整合，既是我国出口贸易迅速扩张的重要契机，同时，也对我国出口加工贸易的战略调整构成新的挑战，出口加工贸易的战略升级则是这一挑战的本质含义。通过对全球生产网络的解构或"切片"发现，对于我国大数出口企业来说，基于全球生产网络的加工贸易的战略升级，面临着价值链制造片断内市场地位即价值链片断内企业"序次"提升，与由价值链低端向其高端即价值链片断间"位次"攀升的双重任务。全球价值链"片断内问题"与"片断间问题"的双重叠加与相互交织，是基于全球生产网络视角分析加工贸易战略调整的独特思路。我们试图阐明企业在全球生产网络内从价值链的某一片断内实现"序次"提升是其实现在价值链片断间"位次"变动的一般基础；而在价值链不同"位次"间的攀升则是摆脱价值链低端片断内恶性竞争困局的基本出路，从而是我国出口加工贸易升级的战略重点。这种分析构成本文提出的"全球生产网络内产业升级理论"的基本内容。本文中的GVC"位序"概念包含企业在全球价值链中所处的片断及其在具体片断内的位置两层含义。

4.2.1　企业在全球生产网络内的位次决定及其意义

1. 价值链位次：国际分工视角

价值链位次（precedence）的概念，主要是用来描述企业在全球生产网络内价值链中所处位置或片断。尽管在全球生产网络框架中，"价值"是链条上全部企业经营活动的共同产物，但不同位次的企业，其作用和功能则是大相径庭的，从而其控制力也有着显著差异。为了说明这一点，我们必须在国际分工的大背景下分析全球生产网络这一新的生产组织形式。

按照我们前面的分析，全球价值链是战后世界经济资源配置方式微观基础的一个最为实质性调整。这种调整集中表现在企业经营战略的重大转型：从产品控制战略转向价值链控制战略。这种战略调整已经触及国际分工的深层内核。

国际分工是社会分工发展到一定阶段的产物，作为社会分工的高级形式，是社会分工超越国界所形成的产业分工、产业内分工和生产过程的分工。但是，国际分工体系并不是一成不变的，而是伴随着世界经济环境的变化持续演进的。正是这种持续演变的深化与细化过程，不仅使得产业分工、产业内分工以及产品生产过程的分工，在不同的历史时期扮演者不同的角色，而且国际分工的形式和路径也经历着根本变革。

第三次世界科技革命，特别是电子信息技术革命的广泛发展，西方工业化国家产业结构经历着剧烈的调整：产业结构的"高度化"和"软化"。前者是指发达的工业化国家产业结构出现向高附加值、高技术和高集约化方向演进的趋势。后者则是指在产业发展过程中，有形资产等"硬要素"的作用趋于降低，知识、技术、服务以及信息等"软要素"作用则逐步增强的趋势，从而西方发达国家的产业发展转向以知识的生产、分配和使用为核心，"软产业"成为西方发达国家控制国际分工有利地位的新的"战略制高点"。

毋庸置疑，发达国家在其产业结构高度化和软化的过程中，将不可避免地出现产业结构"空洞化"的现象。从一般的意义上说，这一概念描述的是一国在基础生产能力方面出现广泛的资本撤出的现象。当然，如果任由这种"空洞化"现象的持续发展，对"硬产业"产品进口依赖的持续增加，将会对一国的经济安全构成威胁。消除这种潜在威胁的有效途径之一，就是通过建立全球价值链的方式，将那些以传统的"硬产业"或制造业为主导国家的生产要素，纳入价值生产和价值实现的控制体系之下。

换言之，必须重构国际分工模式和创新国际分工路径：国际分工体系不仅控制产业和产品的生产，更重要的是，从更加微观的层面控制不同国家的生产要素。将国际分工体系建立在对世界各国生产要素控制的基础上，是全球生产网络的政治经济学含义。

　　我们对国际分工体系发展过程的历史考察，隐含着下列重要结论：发达国家通过不断推进科技革命的发展，在占据工业产品制造竞争优势的基础上，依据世界产业结构演变规律，及时抢占价值链的高端，从而确保其在国际分工体系中的有利"位次"。

　　因此，在新的世界经济形势下，对全球生产网络中价值链"核心片断"的控制，不仅是价值链体系控制能力的标志，更是一国在国际分工体系中的地位和作用的集中体现。

2. 价值链位次：企业视角

　　传统西方经济学对"企业"给出了一个匀质假设。在匀质企业的理论框架下，西方经济学所研究的企业不过是一个没有任何差异的"代表性企业"。最近几年兴起的企业异质理论（firm heterogeneity）无疑是一个重要突破。在对企业的异质性根源的研究中，"生产效率差异（productivity difference）"是一个流传甚广的解释。但是，当我们将企业置于全球价值链的整体链条上来看时，不难发现，所有处于价值链链条上的企业，由于各自所处的价值链片断的不同，其生产效率不具有可比性。在这种情况下，企业的异质性并不是来自生产效率的差异，而是来自各企业在价值链上的"功能差异"或"角色差异"：研发企业、制造企业抑或营销服务企业等。这意味着全球价值链的特点之一，是将不同的企业转化为"功能性企业"。所谓功能性企业，其实质是企业的异质性由企业在价值链条中所发挥的作用或所扮演的角色给出，而企业在价值链上的功能和角色差异，则又是由企业所处价值链片断给出。而全球价值链的另一特征则在于，企业在价值链中的功能和角色是其"价值链地位"的体现。这种"地位"决定着企业在价值链经济租分配上的差异。

　　这种能够给定企业在价值链中的功能和角色的价值链片断，决定企业在价值链经济租实现与分配中的地位差异，我们称之为企业在全球价值链上的"位次"。

　　对企业位次本质含义的深层理解，揭示出全球价值链的第三个重要特征：全球价值链的"世界"并非是"平"的，而是一个如"微笑曲线"所描述的存在着高地与洼地差异的价值体系。正是这种差异使得全球价值链的不同片断形成本质区别：战略控制片断与受控片断。所谓"战略控制片断"，是指对价值链经济租的创造与实现具有关键功能和处于主导地位的片断。而"受控片断"则是那些依附性或处于从属地位的价值片断的总称。

应当指出的是，具有高度一体化特征的全球价值链，之所以能够在不同片断间产生实质性差异，是有其客观经济依据的。概括地说，价值链片断差异主要是有下列因素决定的：（1）从价值生产与价值实现关系来看，在全球经济从卖方市场转向买方市场以来，由生产函数决定价值生产，对由需求函数决定的价值实现过程的依赖性显著提高，特别是由于国际市场竞争程度的日益提高，价值实现成为全部价值活动的关键环节。这就不难理解"品牌溢价"生成的内在动因。（2）从世界市场需求变动趋势来看，世界市场需求的多样性和个性化趋势日益显著，企业的利润从依赖成本与规模优势，转向产品和生产（包括工艺技术和生产流程）的创新优势。创新能力成为企业市场地位的竞争焦点。因此，原本作为价值生产辅助环节的产品设计，已经成为对制造能力的控制性因素。（3）从世界经济增长方式变动来看，世界经济从粗放式（外延式）增长向集约化（内涵式）增长方式的转变，传统的"比较优势陷阱"日益显现，"资源诅咒"意味着战略资源的转型，无形资产在价值创造与价值实现上的功能日益凸显其主导地位。上述变动使得企业在全球价值链中的地位和作用，正在逐步摆脱价值生产主导的传统结构，而是取决于企业对价值链的设计与服务等"软环节"的控制能力。

3. 价值链"位次"的归因分析

在全球生产网络框架下企业经营活动的价值链片断选择尤其重要，比其产业选择与产品选择更为重要。选择全球价值链中的战略控制片断，就能成为企业占据价值链经济租分配控制权的关键环节。然而，在市场经济条件下，能否占据全球生产网络中价值链的战略环节，取决于企业的国际竞争力。

企业的国际竞争力，就其微观基础来看，取决于企业的资产结构特质。因为任何核心竞争力实际上都是包含在企业的资产结构中的。这种资产不论是有形资产还是无形资产。只有在企业的资产结构具有比较优势的条件下，才能凸显企业的国际竞争力。

在对企业资产结构竞争优势的衡量上，赫克歇尔—俄林（H-O）的要素禀赋论提供了一个基本思路。按照这一思路，匈牙利经济学家巴拉萨（Balassa，1965，1977）提出的显性比较优势指数（revealed comparative advantage，RCA），作为度量一国企业要素比较优势的基本指标。显性比较优势反映的是一国某种出口商品在本国总出口中所占比重与世界此类产品出口占世界总出口的比重之比，用公式表示为：

$$RCA_{ij} = \frac{X_{ij}/X_i}{X_{tj}/X_t}$$

可见，显性比较优势的主要特点是通过一国进出口差额间接反映该国的要素比较优势。而巴伦斯（Balance，1988）则是从净出口指数（ratio of net export，RNX）来度量一国的要素比较优势：

$$RNX = \frac{(X_{ij} - M_{ij})}{(X_{tj} + M_{tj})}$$

上式中，X、M 分别为出口额和进口额，i、j 分别表示国家和产品类别。RNX 取值范围为（−1，1）。−1 为比较劣势；0 为中性优势；当比值为 1 时，则意味着比较优势。RNX 与格鲁布尔—劳埃德（Grubel - Lioyt）的产业内贸易指数（Index of Intra-industry Trade，IIT）标准公式形成对应关系：

$$IIT = 1 - \frac{|X_{ij} - M_{ij}|}{(X_{tj} + M_{tj})} = 1 - RNX$$

H − O 原理的核心是生产要素密集度体现的比较优势。按照 H − O 原理，一国在某种要素上的比较优（劣）势，则应是该资源的净出（进）口国。于是，基于 H − O 理论的要素结构性优势衡量方法就是多重的，不过，在新古典模型中，比较优势难以跨越商品对比。贸易过程的数据没有生产过程的数据可靠和直接。同时，显性比较优势没有考虑政策对生产过程的干预所产生的优势逆转现象，并对产品类别划分十分敏感。基于上述考虑，对一国竞争性优势资产的衡量应当转向从生产领域分析企业的要素结构（见图 4 − 2）。

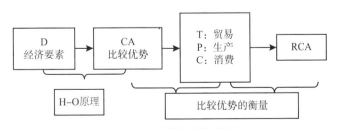

图 4 − 2　比较优势的衡量

利马、波文和迪尔多夫（Leamer，Bowen & Deardoff，1981）给出下

列表达式，描述要素禀赋与比较优势的关系，从而较为准确地反映了生产过程的要素比较优势与贸易比较优势的关系：

$$AT_i = E_i - EW_i$$

上式中，A 为要素密度矩阵；T_i 为净出口向量；E 为要素禀赋；E_i 为要素禀赋向量；W_i 是 i 国在世界总资源中所占的比重。即 T_i 为净贸易值。A 作为要素密度矩阵，即生产要素使用比例或需求状况，可通过投入产出系数来体现。

宏观经济均衡方程式：C = P − (X − M)，其中 C：消费；P：生产；X：出口；M：进口。

外贸商品中的要素含量：$R_i = AT_i/C_i$。

R_i：要素 i 含量的排列位置；AT_i：净出口品的要素含量；C_i：要素 i 的消费量（反映净出口商品中要素含量占总要素消费量的比例）。上式移项，得：

$$AT_i = \frac{\sum F_{ix} - \sum F_{im}}{\sum F_{ic}}$$

$\sum F_{ix}$：出口品要素 i 的总和；$\sum F_{im}$：进口品要素 i 的总和；$\sum F_{ic}$：要素 i 的占要素消耗总和中的比重。由此可见，企业在贸易过程中体现出来比较优势，本质上是其生产过程要素投入结构来决定的，换言之，企业国际竞争力的微观基础在于自身生产要素的结构。由要素密度矩阵反映出来的要素或资产的结构差异决定了企业在全球价值链上的位次差异，要素投入密度对企业在全球价值链上的位次具有"锁定"功能。

很显然，"解锁"的基本途径或方式是调整企业生产过程的要素投入结构，并实现其资产结构的根本转型。但是，企业资产结构的根本转型是有条件的。这种条件或许存在于诸多方面，但其微观基础却在于资本积累能力的提升。而要提升企业的资本积累能力，就不能不涉及企业在某一给定的价值链片断内的竞争能力或"序次"。因此，我们转入对企业序次的分析。

4.2.2　企业在全球生产网络内的序次决定及其目标

序次（ordinal），特指企业在全球价值链某一片断内企业群中综合实力的排序。即在竞争性的市场中，同类企业所具有的能够比其他企业更有效地向市场提供产品和服务，并获得赢利和自身发展的综合素质排名。企业在全球生产网络中的地位和作用，或者说对价值链的控制权以及与之相关的收益分配权，是由企业的市场地位决定的。简言之，全球价值链的主体结构是市场竞争机制作用的结果。研究全球生产网络内价值链环节位序的深层含义，在于将加工贸易的战略调整置于企业间的国内竞争与国际竞争、产业内竞争与产业间竞争的双重维度下考察。我国加工贸易传统的平面式扩张方式，意味着价值链片断内的同业企业的国内竞争，是我国加工贸易转型升级的必要条件。因为只有通过这种"片断内竞争"方式，才能优化片断内资源配置，使序次领先的优势企业成为行业领导者，并为这类企业片断间竞争力的培育和位次攀升奠定基础。

1. 企业全球价值链片断内的序次决定

按照本书的分析，序次本质上反映的是企业在全球价值链同一片断内的竞争力排序，因此属于同业企业的产业内竞争。这种竞争直接反映着企业的资产结构的优劣，体现了企业之间的片断内竞争或序次竞争力的差异。概括地说，企业的资产可以分为有形资产和无形资产两大类，其结构可以做如下划分（见图4-3）。

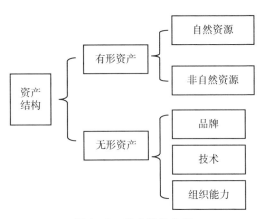

图4-3　资产结构分类

由图4-3可见，即使假设企业的资产总量相等，由于其结构性差异，资产的竞争力存在显著的不同，而且企业资产结构的优劣是一个相对概念，即同类企业资产结构比较的结果。企业调整其资产结构形成超越同类企业资产积累能力是必要的前提，因此企业片断内竞争能力的差异实际上是其资产积累能力差异的体现。需要说明的是，除最终产品外，中间产品也有其价值链，因此从某种意义上来说，中间产品等同于最终产品。如图4-4所示，美、日等发达国家集中于关键零部件CPU、LCD面板的研发，将附加值低的制造环节分包出去；在低位次的生产制造中，韩国、中国台湾的企业拥有知识要素从事ODM，而将组装工序再转包给中国大陆等，其附加值比韩国、中国台湾企业更低，仅仅依靠劳动力要素在价值链中获取微薄的利润。因此，虽然同处于加工制造片断，但拥有知识要素的韩国、中国台湾企业，在具体位次内的资产积累能力较强，将在位次内占据主导地位，成为领导型企业。

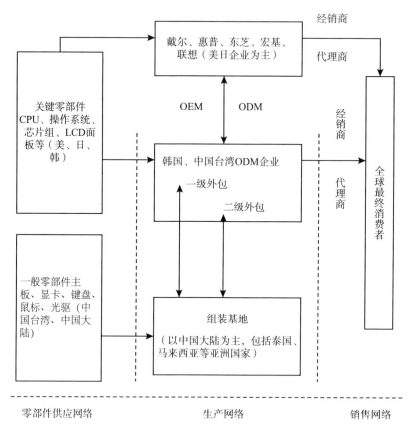

图4-4 笔记本制造的全球生产网络

而且，随着价值链分工不断向纵深化发展，处于同一片断内的同行业企业之间的竞争将日益激烈，企业在市场竞争中的地位和命运是由企业的竞争优势决定的。一个企业在特定产业中竞争，必须努力寻找与建立相对有利的竞争地位，谋取竞争优势，从而在争夺生存所需要资源的竞争中获胜。因此，企业竞争力将通过企业市场竞争优势和企业所开展的每一项竞争行为（包括企业内部与外部行为）的力度得到体现。一个企业在市场中所体现出的竞争性与所面临的挑战性压力是通过竞争资源与优势的合理配置与组合表现出来的，不仅需要有效的市场竞争活动，而且需要能够支撑外部竞争行为的内部力量与能力，只有这样才能形成持久的市场竞争地位。

企业竞争力作为反映企业竞争能力的系统，往往受到多种因素的影响。企业竞争力归根到底是环境、企业资源、企业能力及企业知识因素四者之间的综合效应，但四者在企业竞争力中的作用与地位并不是完全等同的。其中，企业资源是基础，环境因素是条件，企业能力是企业资源之间以及企业与环境之间交互联系的能动机制，企业知识在企业竞争力中居于核心地位，知识是形成企业能力背后更深层的东西，对企业竞争力的核心层形成发挥着关键作用。

2. 企业序次提升目标：领导型企业

衡量公司行业竞争地位的主要指标是行业综合排序和产品的市场占有率，它们是企业竞争力大小的具体量化。市场占有率，又称市场份额，是指一个公司的产品销售量占该类产品整个市场销售总量的比例，它在很大程度上反映了企业的竞争地位和盈利能力。市场份额反映了企业对市场的控制能力，市场份额越高，表明企业经营、竞争能力越强。因此，在行业内占据高序次的企业，其市场份额的不断扩大，可以使企业获得某种形式的垄断，这种垄断既能带来垄断利润又能保持一定的竞争优势。

在行业内排名居前的企业，其高市场份额意味着带来高额利润。首先，高序次企业拥有规模经济优势。这是由于市场领导者所经营的工厂较大，享有成本上的规模，单位成本随着市场份额的提高而降低，成本经验曲线下降较快，所以单位成本下降。其次，高序次企业拥有技术创新优势。行业内的领导者更加注重产品质量，也拥有资金实力投入产品的研发，通过技术创新能够做到在提高产品质量的同时有效控制生产成本。而且其重点是以特色去迎合消费者需要，使消费者宁愿为此支出超过成本的价格，其利益收入除了现金之外，也包括了无形资产增值所形成的收入，比如顾客满意率和顾客忠诚率。故行业内的领导型企业，其不仅市场份额数量较大，而且市场份额质量也较好。

因此，在价值链的任一片断内，企业对全球价值链租金的形成及其分配具有不同的控制力，这是企业序次与位次的重要区别。前文的分析已经指出，企业位次差异反映的是企业在全球价值链中的功能（角色）差异，而序次则是同类功能（角色）的企业在片断内竞争力差异的体现，这使得全球价值链片断内的任一企业对经济租的贡献并非是同等重要的，而是呈现出正态分布，见图4-5。

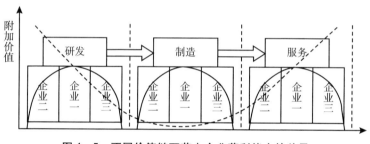

图4-5　不同价值链环节上企业获利能力的差异

由图4-5可见，所有的"功能性企业"其"功能"的能力是呈梯度分布的，所谓领导型企业则是指在片断内功能领先的少数企业，这类领导型企业其资产结构优于同类企业，特别是其资产结构调整能力超前于同类企业，因而是实现价值链片断跨越、完成位次攀升的领先企业。

4.2.3　位次和序次的关系

1. 位次和序次的区别

首先，位次和序次是两个不同的概念，且二者的决定因素不同。位次主要是基于一国具有竞争性优势资产的比较优势，序次主要是基于企业的竞争优势。比较优势属于经济学概念，竞争优势属于管理学概念；比较优势涉及的主要是各地区不同产业之间的关系，其实践意义在于分析地区间产业分工与产业互补的合理性，而竞争优势涉及的是各地区同一产业之间的关系，主要论证了地区间产业冲突和产业替代的因果关系。

其次，二者的地位稳定性不同。序次较易改变、具有动态性，在序次得到充分提升的基础上如何实现位次的攀升更为关键，也更有难度，其要求各方面多种因素的综合作用。因而位次不易改变、具有更高的稳定性。

2. 位次和序次的联系

需要说明的是，位次与序次虽然有较大区别，但二者之间还存在着密不可分的联系。一国产业在全球价值链中的位次和产业内企业的排名并非一成不变，企业可以通过工艺流程升级、组织能力升级增强竞争力以提升序次，而序次差距会引致位次攀升，实现功能升级。产业内多数企业的位次攀升将形成一国产业新的动态比较优势，实现产业链的整体升级。

高位次拥有对价值链的控制权以及与之相关的收益分配权，在利润的驱动下，企业都想要在价值链上占据高位，但这绝非易事。"解锁"的基本途径或方式是调整企业生产过程的要素投入结构，并实现其资产结构的根本转型。一般认为，推动企业成长和发展的动力主要有两个方面：第一，生产要素（主要是资本）的积累；第二，技术进步。技术进步可能是一种相对简单的引进，也可能是一种需要大量资金的自主研发活动，两者都需要资本的投入。因此，技术进步往往也要受到资本积累程度的局限。

正因如此，企业资本积累的能力成为企业发展的关键动力。而最有可能实施位次攀升的是在具体位次内序次占优的企业，因为相对同行业其他企业而言，其最先完成资本原始积累，有实力加大研发投入强度，且规模、人力资源、已有的技术基础都比同行更胜一筹。与同行的实力差距越大，企业升级的动力越强。因为只有在行业内的地位稳固，没有受到同行激烈竞争的威胁时，企业才会没有后顾之忧地投入研发，其承受研发失败风险的能力也更强，且能保证有充足的资金持续供应。当核心技术壁垒被攻破且企业的资产结构得以调整时，高序次企业在全球价值链中的位次将率先发生攀升，如图4-6所示。

企业由低位次向高位次攀升这一行为具有重要意义。当企业和产业通过位次攀升由受控片断进入到战略片断，创造了更多的经济剩余时，国家也才能够积累更多的资本，进而使发展中国家的要素禀赋结构与发达国家不断接近。给定劳动力资源的增长路径时，资本积累的动态过程也就是要

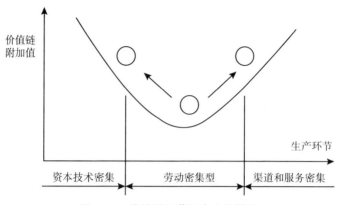

图 4-6 价值链环节位次上的攀升

素禀赋结构和比较优势的动态变化的过程。其对于发展中国家克服李嘉图"比较优势陷阱"具有指导意义。

需要注意的是，序次的提升并不会必然引致企业位次的攀升，它仅是企业位次攀升的必要条件而非充分条件。但是序次提升是企业位次攀升的前提。为了实现更深层次的企业位次攀升，首先需要解决的是如何提升企业的片断内竞争力。

4.3 企业序次变动路径及其关键因素

4.3.1 企业序次变动路径

研究企业全球生产网络内价值链环节序次变动即是研究价值链片断内企业的竞争力差异，本文从价值链活动（发展阶段）和核心能力（可替代程度）两个维度构建制造片断内代工企业序次变动的理论模型，如图4-7所示。从对片断内经济租贡献的视角，将代工企业从事的价值链活动概括为产品（零部件）制造、工艺流程设计、市场组织三阶段；基于企业竞争力理论，从核心能力视角，将代工企业的核心能力概括为制造能力、流程设计能力和组织能力。企业在具体位次内的序次提升依赖于其核心能力的升级，从而使其资本积累能力不断增强。

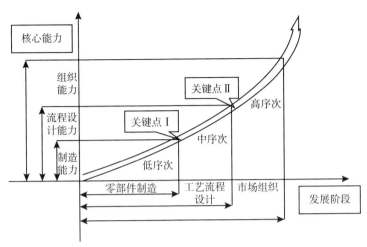

图 4 – 7　代工企业制造环节"片段内序次变动"的路径

4.3.2　阶段性特征分析

1. 零部件生产阶段企业的核心能力

此阶段的企业依据品牌客户提供的产品规格和设计进行代工组装和制造，依靠物美价廉和快速出货，赢取大量的客户订单。此阶段的核心能力是加工制造能力，充分利用其生产经验降低生产过程中各环节成本，通过扩大生产规模发挥规模经济效应，实现总成本领先战略乃企业之本。企业在价值链活动中只涉及组装和制造活动，技术含量低，可替代性强，因此议价能力很弱，获取的经济租十分有限。同时企业也面临业务来源不稳定、产品附加值低和恶性价格竞争等问题。

2. 流程设计阶段企业的核心能力

此阶段的企业不仅具备高效的组装和制造能力，而且不断投入各种来源的技术，实施对生产制造系统的改造升级、更新换代，通过整合生产系统或者引入先进技术含量较高的加工工艺，把投入更为高效率地转化为产出，从而保持和强化对同业竞争对手的竞争优势。通过提升引进新技术或改进已有产品的功效达到超越竞争对手的目的，具体体现为从低附加值低层次的简单加工转向同一产业中更为复杂、精细的高附加值产品生产，此时企业由于强化了自身的设计能力，不仅扩大了利润来源，也增强了自身的分量，奠定了企业在行业内的地位。

3. 市场组织阶段企业的核心能力

企业的组织能力是指公司在与竞争对手投入相同的情况下，具有以更高的生产效率或更高质量，将各种要素投入转化为产品或服务的能力。这些能力体现在公司从产品开发到营销再到生产的任何活动中，精心培养的组织能力可以成为竞争优势的一大来源。企业可在完善内部组织结构的基础之上，通过提高知名度、产品形成品牌等途径来扩大其市场影响力，从而提高其市场份额，成为行业内的领导型企业。市场份额直接反映企业所提供的商品和劳务对消费者和用户的满足程度，表明企业的商品在市场上所处的地位和企业对市场的控制能力。市场份额越高，表明企业经营、竞争能力越强。此阶段企业除具备完整的产品生产和部分设计能力外，还需同时投入品牌、渠道和售后服务等经营活动。当然，基于成本和效率的考虑，具备一定资金积累和代工经验的部分企业也可能将组装和制造业务外包给同片断内其他企业，而专注于品牌、渠道和售后等服务领域，形成企业间既竞争又合作的现象。

代工生产业务具有快速进入市场、提高市场占有率、扩大规模经济和向高端客户进行学习等优点，在代工生产过程实现了制造能力、流程设计能力和市场组织能力的核心能力升级的企业，其市场份额逐步扩大，将在行业内取得序次占优，成为领导型企业。

4.3.3 决定企业序次的关键点

演进路径的关键点，如图 4 - 7 所示，关键点 I 为产品生产到流程设计的演进升级，关键点 II 为流程设计到市场的跨越。实现第 I 步跨越的基础是企业的加工组装能力，由于加工贸易的技术附加值较低，因此决定企业代工实力的关键因素是企业的生产成本；实现第 II 步跨越的基础是企业的研发能力，决定企业研发能力的关键因素有科技活动人员在生产人员中所占比率及 R&D 经费和新产品开发经费投入强度；此外，加工贸易始终需要服务贸易等相关产业的支持，并且会受到汇率、利用 FDI 水平等的影响。

1. 研发能力构建

从产品生产到流程设计的演进过程也是代工企业研发能力提升的过程，因此代工企业如何构建研发设计体系，提升研发设计能力，决定着企业的序次能否顺利提升。基于组织学习和知识管理理论，代工企业构建研发设计体系需要从知识获取、知识内化和知识创新三个层次加以分析：

（1）知识获取。与品牌客户、竞争同行、科研院所和供应商等建立研发联盟等密切的合作关系，获取知识和信息，以此促进自主研发能力的构建。

（2）知识内化。通过组织内部知识的共享和转移增加组织学习效果，如研发团队内部知识共享机制、职能部门间知识共享和转移制度等，有助于组织整体能力的强化。

（3）知识创新。代工企业将所学知识融入原有的组织内进行应用，可以视为企业整合所学新知识或与原有能力相结合进行知识创新的过程。基于以上分析，代工企业构建研发体系的决策思路如图4-8所示。

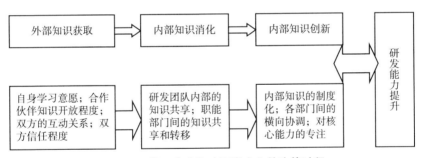

图4-8 代工企业构建研发企业的决策过程

2. 组织能力构建

从流程设计能力到市场组织能力的跨越过程是企业综合评价自身能力和外部环境基础上的一个决策过程。如何打造组织能力，确保企业战略的实施，需要由外而内地思考：首先，公司必须先分析自身所处的经营环境，制定正确的战略方向；其次，公司依据选定的战略方向，明确两三项与战略最直接相关的组织能力（如创新、低成本、服务等）。支持战略的组织能力需要三个支柱的支撑：

（1）员工能力。即公司全体员工（包括中高层管理团队）必须具备能够实施企业战略、打造所需组织能力的知识、技能和素质，使其能够做出与创新、低成本和服务等匹配的决策和行为。

（2）员工思维模式。员工会做不等于愿意做，因此第二个支柱是打造员工的思维模式，让大家每天在工作中所关心、追求和重视的事情与公司所需的组织能力相匹配。

（3）员工治理方式。员工具备了所需的能力和思维模式之后，公司还必须提供有效的管理支持和资源才能容许这些人才充分施展所长，执行公司战略。如设计支持公司战略的组织架构、建立支持公司战略的信息系统和沟通交流渠道、关键业务流程的标准化和简洁化等。

以上三个支柱缺一不可，而且组织能力要坚实，三个支柱的打造必须符合两个原则：（1）平衡（balance），指三者都要一样强；（2）匹配（alignment），指三者的重点都必须与所需的组织能力协调一致。

4.4 我国加工贸易在全球生产网络内价值链环节位序的判断

价值链分工是一种要素合作型分工，一个国家的要素禀赋决定了它在当代国际分工中的地位与作用。经济全球化背景下，资本、技术、管理和高素质劳动力等高级生产要素具有较高的流动性，一般加工型劳动力的流动性很低，而且高级生产要素往往是相对稀缺的。通常，要素的相对稀缺程度决定了其在分工中所能获取的相对收益。

4.4.1 我国加工贸易在全球生产网络所处的地位

我国人口众多，劳动力资源丰富，成本低廉，而在先进技术的使用和研发方面较落后。依照比较成本优势理论，我国嵌入的是全球价值链上的加工制造环节，处于全球价值链的低端。而实际情况也是如此，我国参与国际分工的主要是劳动密集型产业，如服装、鞋类等轻纺工业领域以及劳动密集型与技术密集型相结合的加工业，如机电产品、电脑零部件等领域，所获得的经济利益并不高。一般而言，产品中品牌、核心技术和高科技零部件、产品设计、物流带来的附加值较高，而我国加工企业缺乏自己的技术、品牌和渠道，主要是以附加值低的制造加工环节参与国际分工，获取加工费用。有这样一种描述：在我国投资的外商拿出 30% 的资本，拥有 50% 的股份，拿走了 70% 的利润以至于更多，我们得到的剩下不足 30% 的份额。

加工贸易增值率 VAR 是国际上衡量加工贸易发展水平及其对产业结构优化作用的经济指标，是衡量加工贸易对行业发展所起作用的重要尺度。通常进口料件的加工程度越深，所产生的附加值越高，增值率越高。从 2001 年至 2004 年我国的加工贸易增长率从 37.96% 下降到 34.62%，2004 年之后呈现不断上升的趋势，2008 年达到 43.96%，虽有所增长但不高。2012 年我国对外贸易发展较前两年放缓很多。尽管 2010 年是全球金融危机后经济复苏的第一年，由于存在基数较低的原因，导致 2010 年贸易出现了较高的增长率。之后，各国经济和贸易企稳回升，2011 年我国取得了常态化的贸易增长率。金融危机以后，加工贸易在对外贸易中的比重逐年下降。2011 年，一般贸易在出口中所占比重首次超过加工贸易，并且差距逐年扩大。2016 年前三季度，加工贸易出口占出口总额的 33%，比一般贸易低 22 个百分点。①

加工贸易发展趋势有其自身的客观规律，需要辩证地看待。一方面，近年来全球经济增长低迷，国际需求不振，全球产业结构深度调整，发达国家大力推进"再工业化"和"产业回归"，吸引高端制造业回流；与此同时，中国劳动力、土地等要素成本上升，传统竞争优势有所削弱，一些中低端加工制造业产能和订单开始向更具有成本优势的周边国家和其他发展中国家转移，中国加工贸易发展面临"双重挤压"。另一方面，加工贸易增速放缓也是中国贸易方式和结构优化的必然结果。最初，由于外商投资企业的数目和投资额快速增长，国内生产体系难以在短期内适应外资企业的生产需要，加工贸易的快速成长成为必然。随着中国自身的产业配套能力逐步增强，原材料和中间产品的国内采购比例上升，反映在数字上就成为加工贸易额的减少，这也是中国对外贸易结构优化、提质增效的表现。

从实际情况看，发达国家企业是大多数全球价值链的领导者，占据着大多数的价值链战略性环节，支配和治理着全球价值链体系。相对而言，由于缺乏对关键核心技术和品牌的控制以及对核心业务的拥有，中国企业不能建立以自己为主的全球价值链，只能辅助价值生产环节，嵌入生产网络的下游，竞争力严重不足，从而在全球价值链体系中处于从属和被支配

---

① 资料来源：商务部网站。

的地位。因此，我国加工贸易在全球价值链中处于低位次状态。

2016年初，国务院印发了《关于促进加工贸易创新发展的若干意见》，多措并举促进加工贸易创新发展。商务部会同有关部门开展了一系列工作，通过大力开拓市场，力求加工贸易稳定发展；促进产业结构不断优化，引导加工贸易向产业链高端延伸。2016年前三季度，加工贸易高新技术产品进出口2.66万亿元，占加工贸易进出口总值的51.6%，加工贸易增值率由1996年的35%上升为2015年的80%。[1] 今后一个时期，加工贸易要加快创新和转型升级，提高技术含量和附加值，培育竞争新优势，增强中西部地区加工贸易承接转移能力，促进加工贸易加快向中西部地区转移。

从表4-2中我们可以发现我国加工贸易企业在全球价值链制造片断内的序次状况。在计算机、汽车、飞机等高新技术产品中，我国企业从事的是成品组装、整车组装，极少量的零配件生产，基本不涉及技术层面，因此我国企业大多在加工制造片断内又处于低序次状态。

表4-2　　　　我国加工贸易企业在全球价值链的嵌入状况

全球价值链产品产业	战略环节	战略环节控制者/领导企业	领导企业母国（或地区）	中国企业占据环节
纺织服装	面料和时装研发设计、品牌创造、营销	皮尔卡丹、阿迪达斯等	法国、意大利、美国、中国香港等	低档产品、来料加工、贴牌生产
建筑陶瓷	生产机械设计、产品研发、彩釉研发	Saslo、Casrellon等	意大利、西班牙等	低档建陶生产
耐用家电	研发、核心元件	西门子、三星等	日本、德国、韩国等	一般元件、成品组装等
集成电路	IC设计、前沿技术研发和生产、IP供应	Intel、三星、Iex-nc-instr等	美国、韩国等	低端制造和封装测试
计算机	研发、CPU制造、软件设计、核心元件	Intel、惠普、微软、戴尔等	美国、日本、中国台湾等	一般元件制造、成品组装中低档产品
汽车	研发、模具、成套装备制造	通用、大众、本田、丰田等	美国、日本、德国等	通用零配件、整车组装
飞机	研发、总装	波音、空客等	美国、欧盟	少量零配件

---

① 资料来源：商务部网站。

因此，对我国加工贸易企业在全球价值链位序的总体判断是——处于低端徘徊。

4.4.2　对我国加工贸易所处地位的原因分析

1. 技术创新不足

首先，外资企业主导加工贸易。不同于日、韩等发达国家加工贸易以本国企业为主，我国加工贸易微观主体是外资企业，而且近年来外资企业在我国加工贸易中的地位还在不断提高。这种局面会导致加工贸易的配套主要在外资企业间进行，人员流动也主要发生在外资企业之间，产业关联和技术的外溢效应有很大的局限性，并且发展区域集中于东部沿海。这样，未来我国加工贸易升级的主动权将主要掌握在外资企业手中，其发展方向和区域规划会受到外资企业发展战略和目标的影响。

其次，外资企业的技术锁定。技术优势是外资企业的生命线，因此极力避免技术，特别是核心技术的扩散，已成为它们保持竞争优势的优先技术策略。跨国公司的技术防扩散措施有："技术锁定"，利用其技术垄断优势和内部化优势在技术设计、生产工艺、包装广告等关键部分设置一些难以破解其诀窍的障碍；对核心技术严密封锁，仅向中方转移"夕阳技术"；采取内部技术转让方式，严密控制尖端技术的扩散，等等。

跨国公司的独资化趋势一定程度上反映了其对其核心技术的重视和控制，这些防扩散措施事实上起到了抑制技术外溢的作用。我们发现，跨国公司独资企业的技术先进程度通常优于合资企业，合资企业中跨国公司控股的企业的技术水平高于跨国公司不控股的企业。跨国公司的技术防扩散措施限制了本地企业学习的来源，通过干中学或技术转移所获取的知识范围较窄，企业无法从本单位的技术推演出整体设备的技术路线，这严重妨碍了本地企业在产品内分工中的环节提升。

最后，本土企业转型升级的动力不足。虽然本地企业，特别是比较有实力的本地企业认识到产业升级的重要性，但要求他们撇开眼前利益、避开短期盈利和市场压力，抛开原先的产品内分工体系独立运作，往往也是有疑问的。一些企业认为，每个企业有它自己的核心资源和发展基础，产业升级可能超出了其能力范围，更会带来极大的风险。加入到产品内分工中，虽然利润比较微薄，但是收益稳定、订单量大、回款迅速。这种思想如果蔓延，就容易丧失重要的发展机遇，严重妨碍产业升级。若要转型升级，资金压力较大、风险也较高，没有经验，重新开拓内销市场把握不大，普遍持观望态度。因此，尽管许多企业意识到转型升级的必要性，但也相当依赖加工贸易的创造利润方式，普遍缺乏转型升级的内在动力，只有被动地适应国家宏观政策调整的需要。我国众多企业技术创新不足的问题可以通过高新技术行业、机电行业和纺织品服装行业出口中加工贸易方式所占比例的差异来体现：以加工贸易方式（包括来料加工装配贸易和进料加工贸易）出口的高新技术产品占全部高新技术产品出口的比重非常大，而我国自主设计开发的是相对技术含量较低的纺织服装行业。越是技术含量高的出口产品中，加工贸易的所占比例越大，反映了我国企业自身的整体研发能力不足。

2. 产业链条短，国内采购率低

目前我国外资主导的加工贸易的"飞地效应"较明显，外资仅仅是利用发展中国家的优惠条件和低廉的要素成本，没有建立本地生产网络体系，部分大型外资企业采用"全进全出"的经营方式，与上下游、同行、相关行业等企业之间极少发生生产交易关系。即使在当地建立生产网络，但主要局限在外资企业之间，以"深加工结转"形式进行交易，很少纳入本土企业。生产网络的相对封闭，使得加工贸易企业的发展不能给当地本土企业发展带来新的市场，当地也就很难通过加工贸易带动相关行业发展以实现产业结构的改善与升级。

3. 人力资本供给缺乏

专业化人力资本对一国经济增长有着重要的作用。明赛尔的研究表明，人力资本投资增加可以提高物质资本的边际生产率，从而提高整个生产过程的生产效率（明赛尔，1984）。专业化人力资本对产业升级有着重要的推动作用，因为虽然技术进步是产业升级的根本动因，但技术进步又依赖于专业化人力资本的推动。目前与现代产业结构相匹配的技术工人结构中应该是中级和高级技术工人占多数，如发达国家高级工占35%、中级工占50%、初级工占15%。而我国技术工人的结构却与之相反，据初步统计，我国的初级工占60%、中级工占35%、高级工不足5%，导致产品合格率低，这严重制约了我国经济的发展和产业升级。

加工贸易产业层次低，无法吸纳高层次的技术人才，更无法储备高素质的人才。我国能够大量供给的主要是简单的熟练劳动力，在高新技术产品加工贸易中科技活动人员占从业人员的比例约在 6% ~ 8%，纺织品加工贸易中科技活动人员所占比例更低，仅在 2% ~ 4%。因此缺乏处于国际分工产业链高端（上游的研发）和中端（上游的技术开发、设计及下游的营销）领域里的国际竞争力。

4. 服务功能配套不强

任何一个产业都不能孤立地发展，发达、完善健全、高效的相关产业和支撑产业有利于提高产品质量、降低产品成本，从而形成竞争优势。本国供应商是产业创新和升级过程中不可或缺的一环，一方面，供应商会协助企业认识新方法、新机会和新技术的应用；另一方面，企业则提供给供应商新点子、新信息和市场视野，带动供应商自我创新，努力发展新技术。有国际竞争力的产业提升相关产业的竞争力后，彼此在信息技术方面交流，交流成本也因地缘关系和文化上的一致而低于外商，这种双向良性互动会促进产业不断升级，国际竞争力优势不断提升。

我国的生产性服务业属于刚刚起步阶段，和生产性服务业相关的服务项目主要有交通运输服务、金融服务、计算机和信息服务、专有权利使用费和特许费、保险服务和通信服务。从制造业服务要素投入看，我国制造业发展模式与发达国家的差异主要体现在：技术研发与设计投入、融资成本与风险、高端人才引进与培训投入等生产性服务严重不足。据测算，我国制造业的服务投入比例通常在 12% ~ 15%，最高时也只有 18%。而美、日、德等国同期水平一般在 28% ~ 30%。生产性服务业对我国制造业升级的支撑度失衡，导致我国加工贸易大而不强。

4.5　序次提升影响因素的计量模型——以机电行业为例

按照本文前面关于位次与序次关系的分析，我国加工贸易企业在全球价值链中的位序迁移的目标，是要实现企业位次的攀升即向全球生产网络内价值链的高端攀升，而其微观基础却是企业在给定价值链片断内的序次提升，即打造加工贸易行业的领导型企业。因此，可以这样说，我国加工贸易的转型升级目标在于出口加工企业的片断间竞争力，但其基本路径则是提升片断内竞争力,即序次提升。因此,本书在此重点对我国出口加工贸易企业序次提升影响因素进行计量分析,以便揭示我国加工贸易转型升级的一般基础。考虑到中国机电行业的特殊性和典型性,我们将以升级速度较快的机电行业为案例来予以分析。

4.5.1 衡量指标选取

通过前面的理论分析可以发现,影响我国加工贸易序次提升的因素诸多,同时这些因素之间的关系复杂。全面系统厘清加工贸易序次变动的决定因素及其相互关系,非本书所能完成。但根据本书前面的理论分析、本书所选取的样本行业的基本特点以及数据的可获得性,本书从企业内、外两方面在众多影响因素中重点选取六个,即劳动力相对成本、自主创新能力、高级人力资本供给、相关产业发展、汇率和 FDI 利用率。其中要素禀赋条件、自主创新能力和高级人力资本属于内生因素,在企业竞争力提高的过程中起着关键性的作用,汇率因素起调节作用,相关产业发展状况、FDI 利用率等外部环境影响着加工贸易序次提升的可能性。如图 4 - 9 所示。

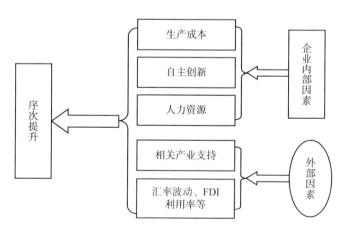

图 4 - 9 我国加工贸易企业价值链环节攀升的影响因素

其中高级人力资本要素、自主创新能力和劳动力相对成本选取的都是所在行业的平均值,主要原因是加工贸易数据的难取得性,因为很多企业除了加工贸易之外还开展一般贸易等,无法将两者完全分开;另外，机电产品的出口总额中加工贸易占到了 70% 以上的份额，占据大半江山，行业平均值代表的是此行业的整体平均水平，用其来代替是有较强解释力的。

我们对企业序次提升影响因素的检验目的在于发现出口加工贸易企业位次攀升的决定因素，就加工贸易来说，加工贸易增值率 VAR 是一国加工能力最集中的体现，因为加工贸易增值率的高低，不仅反映了加工贸易在我国境内加工链条的长短，也反映了加工的深度和层次，VAR 值越大表明加工环节的技术附加值越高，企业位次攀升的可能性也就越大，其根源就在于 VAR 实际上是为企业的片断间竞争力的形成与积累奠定最为一般的基础。因此，我们考察 VAR 的影响因素实际上也就是从一个侧面反映我国加工贸易升级的影响因素。

企业的片断内竞争力是由多种因素决定的，这种决定因素在不同国家或同一国家产业发展的不同阶段其影响因素也是逐步变动的。从世界产业结构调整的趋势以及我国出口加工贸易行业的特征出发，我们选取下列变量检验影响我国出口加工贸易企业序次的主要因素，并通过这些因素的逐层分解寻找其代理变量以便最终揭示我国出口加工贸易升级的决定性因素。

企业的生产成本主要是劳动力成本，但对于劳动力成本的衡量不能单纯考虑劳动报酬，必须综合考虑劳动报酬和劳动生产率，这样才能更好地评价我国机电行业加工贸易的劳动力优势。劳动力相对成本 LRC（labor relative cost）指单位劳动生产率报酬，其计算公式为：

$$LRC = W/LP = W/(V/L)$$

其中 W 代表劳动报酬，V 代表工业增加值，L 代表平均从业人数。

自主创新能力 II（Independent Innovation），除了通常的计算总产值中研发经费支出所占比例外，本书认为还应该加上新产品的开发支出所占的比例。因为新产品的开发支出也很好地体现了企业的自主创新能力。

相关行业的发展指标定为我国服务贸易进出口总额占世界比重（the proportion of trade in service，STP）。加工贸易和服务贸易是一个应运的、互补的群，加工贸易就是大量的生产物，生产物的设计是一种服务，生产物的物流就是服务，生产物的检测、海关、国际化的进进出出是一种服务，生产物的流动资金是一种金融服务，所以，服务贸易与加工贸易是应运而生的，服务贸易发达的地方才会有加工贸易，加工贸易发达的地方一定有强大的服务贸易。服务贸易所占比重能反映出我国服务贸易的发展态势和增值能力。

选取汇率（exchange rate，ER）作为因素指标是因为我国的加工贸易依靠劳动力资源和机器设备等硬要素的投入嵌入全球价值链，采用的是低成本竞争策略，其最大的特点是对市场交易成本具有高灵敏度，而汇率的波动是一大构成因素，对低成本战略产生挑战。后面的实证也显示，加入汇率因素后计量模型将更加精准。此外，截至 2012 年底，我国加工贸易企业中外资企业占比达到 84.5%，我国利用 FDI 的水平将不可避免地影响到加工贸易的增值率。所以在理论上，FDI 利用率也是加工贸易产业具有代表性的影响因素，但实际的影响效果将通过模型来计量。具体指标体系见表 4 – 3。

表 4 – 3　　　　加工贸易全球网络内产业升级影响因素的指标体系

影响因素	指标	计算方法	符号
高级劳动力资本要素	科技活动人员比重	科技活动人员数/从业人员数	HR
自主创新能力	R&D 经费和新产品开发经费投入强度	R&D 经费和新产品开发经费/销售收入	II
企业生产成本	单位劳动生产率报酬	劳动报酬/劳动生产率	LRC
相关产业的发展	服务贸易进出口额占世界的比重	我国服务贸易进出口总额/世界总额	STP
汇率	人民币对美元汇率	每年四季度值/计算年平均值	ER
外商直接投资	利用外资水平	FDI/工业增加值	FDI

4.5.2　数据来源

本书中机电产业的加工贸易进出口额由《中国贸易外经统计年鉴》取得；行业的高级人力资本要素、自主创新能力和劳动力相对成本数据来自《中国科技统计年鉴》；服务贸易增值率数据来自《中国商务年鉴 2016》；人民币对美元汇率和 FDI 值来自 CCER 经济金融数据网，具体数值见表 4 – 4。其中，机电产业包括金属制造业、机械及设备业、电器及电子产品业和运输工具业，在进行计量分析前，各数据都统一口径。

表 4 - 4　　　1999~2015 年我国机电行业加工贸易主要影响因素数据表

年份	加工贸易增值率（%）	人力资源（%）	自主创新（%）	劳动力相对成本（%）	服务贸易比率（%）	人民币对美元汇率	FDI 利用率（%）
1999	94.3	6.41	2.35	2.93	1.63	8.335	12.5343
2000	94.7	6.76	2.38	2.98	1.7	8.314	11.7806
2001	95.1	6.93	2.41	3.01	1.85	8.288	11.3935
2002	94.9	7.08	2.33	2.43	1.9	8.279	11.0643
2003	95.2	7.13	2.36	2.71	2.1	8.279	9.3081
2004	95.6	7.278	2.41	2.85	2.2	8.279	8.4199
2005	95.3	7.26	2.47	2.94	2.4	8.277	8.9033
2006	95.7	6.78	2.52	3.1	2.7	8.277	9.2039
2007	95.8	6.94	2.24	2	2.8	8.277	8.06
2008	95.6	6.24	2.23	2	3.1	8.277	7.6957
2009	96	6.58	2.91	4.1	3.3	8.179	6.3886
2010	96.4	6.71	2.84	1.98	3.6	7.933	5.4752
2011	95.9	7.24	2.91	3.53	4	7.541	5.1009
2012	94	7.32	2.98	3.76	4.2	6.883	4.8822
2013	94.5	7.35	3.01	3.81	4.5	6.831	4.5476
2014	94.4	7.36	3.21	3.92	4.4	6.752	4.5527
2015	95.2	7.41	3.42	4.12	4.65	6.632	4.7427

资料来源：根据商务部、海关统计等数据整理。

4.5.3　计量模型的设定

面板数据模型的一般形式为：
$$Y_{it} = \alpha_i + \beta_i X_{it} + \mu_{it}, \ i = 1, \cdots, n, \ t = 1, \cdots, n \quad (4-1)$$
其中，X_{it} 为 $1 \times K$ 向量，β_i 为 $K \times 1$ 向量，K 为解释变量的个数，误差项的均值为 0，方差为 σ_u^2。本书数据的统计时间段为 17 年（1999~2015 年），且只研究加工贸易产业的转型升级，因此采用普通最小二乘法，给出 α、β 一致有效的估计。沿用前文各解释变量，模型设定如下：
$$VAR_t = \alpha + \beta_1 HR_t + \beta_2 II_t + \beta_3 LRC_t + \beta_4 STG_t + \beta_5 R_t + \beta_6 FDI_t + \mu_t$$
$$(4-2)$$

式（4-2）中，β_1，…，β_6 代表系数，t 代表时间，α 为固定效应，μ_t 为随机误差。VAR_t 为计算出的我国机电行业的加工贸易增值率。

由于粗略观察数据并不平稳，此时应对数据取对数，其好处在于：既可以将间距很大的数据转换为间距较小的数据，也便于后面取差分，再对新变量进行平稳性检验。取对数同时可以避免异方差的存在对计量结果造成影响。令 $Y = \ln VAR$，$X_1 = \ln HR$，$X_2 = \ln II$，$X_3 = \ln LRC$，$X_4 = \ln STG$，$X_5 = \ln R$，$X_6 = \ln FDI$，则（4-2）式改写为：

$$Y_t = \alpha + \beta_1 X_{1t} + \beta_2 X_{2t} + \beta_3 X_{3t} + \beta_4 X_{4t} + \beta_5 X_{5t} + \beta_6 X_{6t} + \mu_t \quad (4-3)$$

根据理论和已有的经验，预期 HR、II、STG、R、FDI 影响因素的系数均为正数或不显著；LRC 的系数为负或不显著。

4.5.4　计量模型的检验

1. 平稳性和协整检验

由于所用数据为时间序列数据，需要检验其平稳性，并用 EG 两步法考察它们之间是否存在协整关系。根据协整关系的检验方法，首先需要判断各序列是否为平稳序列，即考察其单整阶数（见表4-5）。

表4-5　　　　　　　　　各变量的 ADF 检验结果

变量	ADF 检验值	1% 临界值	5% 临界值	10% 临界值	检验类型 (c，t，k)	结论
$\ln(y)$	-2.233440	-4.057910	-3.119910	-2.701103	(c, 0, 2)	非平稳
$\Delta\ln(y)$	-4.347071	-4.121990	-3.144920	-2.713751	(c, t, 0)	平稳
$\ln(x_1)$	-3.175064	-4.200056	-3.175352	-2.728985	(c, 0, 0)	非平稳
$\Delta\ln(x_1)$	-4.091118	-4.057910	-3.119910	-2.701103	(c, 0, 0)	平稳
$\ln(x_2)$	-1.031634	-4.004425	-3.098896	-2.690439	(c, t, 0)	非平稳
$\Delta\ln(x_2)$	-4.866633	-4.057910	-3.119910	-2.701103	(c, 0, 0)	平稳
$\ln(x_3)$	-3.766781	-3.604425	-3.098896	-2.690439	(0, 0, 0)	平稳
$\ln(x_4)$	0.720346	-4.057910	-3.119910	-2.701103	(c, 0, 0)	非平稳
$\Delta\ln(x_4)$	-6.538944	-4.057910	-3.119910	-2.701103	(c, 0, 0)	平稳
$\ln(x_5)$	-3.141057	-4.121990	-3.144920	-2.713751	(c, 0, 0)	非平稳

续表

变量	ADF 检验值	1% 临界值	5% 临界值	10% 临界值	检验类型 (c, t, k)	结论
$\Delta\ln(x_5)$	-3.791642	-3.600056	-3.175352	-2.728985	(c, 0, 0)	平稳
$\ln(x_6)$	-2.903094	-4.057910	-3.119910	-2.701103	(c, t, 0)	非平稳
$\Delta\ln(x_6)$	-3.594136	-4.200056	-3.175352	-2.728985	(c, 0, 0)	非平稳
$\Delta^2\ln(x_6)$	-4.453975	-4.297073	-3.212696	-2.747676	(c, 0, 0)	平稳

注：$\Delta\ln(y)$ 表示对 $\ln(y)$ 的一阶差分，$\Delta^2\ln(x_6)$ 表示对 $\ln(x_6)$ 的二阶差分。

通过 EViews 的单位根检验可知，X_3 序列是平稳序列；Y、X_1、X_2、X_4、X_5 的差分序列不存在单位根，是平稳序列，即一阶单整的；X_6 的一阶差分在 5% 水平显著，其平稳性达到 95%，因此我们可以认为其在一阶差分上也是平稳的，可继续对这些变量进行协整检验。为了分析 Y 与 X_1、X_2、X_3、X_4、X_5、X_6 之间是否存在协整关系，我们先做变量之间的回归，然后检验回归残差的平稳性（参见表 4-6）。

表 4-6　　Y 对 X_1、X_2、X_3、X_4、X_5、X_6 最小二乘法回归结果

	回归系数	标准误差	T 检验值	P 值
C	4.107862	0.080586	50.97462	0.0000
X_1	0.032446	0.016822	1.928764	0.0899
X_2	0.032987	0.017683	1.865462	0.0991
X_3	-0.007686	0.004908	-1.566110	0.1560
X_4	0.015288	0.010052	1.520884	0.1668
X_5	0.176050	0.019465	9.044436	0.0000
X_6	-0.008550	0.012560	-0.680794	0.5152
R^2	0.936478	被解释变量的样本均值		4.556656
调整后的 R^2	0.888837	被解释变量的样本标准误差		0.007178
回归的标准误差	0.002393	AIC		-8.927628
残差平方和	4.58E-05	SC		-8.597205
对数似然估计函数值	73.95721	HQC		-8.931148
F 统计量	19.65686	D-W 检验值		2.854358
F 统计量的 P 值	0.000220			

因此。通过（4-3）式得到估计的回归模型如下：

$$Y = 4.1079 + 0.0324X_1 + 0.0330X_2 - 0.0077X_3$$
$$+ 0.0153X_4 + 0.1761X_5 - 0.0086X_6 \qquad (4-4)$$

将上述 OLS 回归得到的残差序列命名为新序列 UT（μ_t），然后对 UT 序列进行单位根检验。由于残差序列的均值趋近于 0，所以选择无截距项、无趋势项的 DF 检验，模型估计结果见表 4-7。

表 4-7　　　　　　　　残差序列 μ_t 的 ADF 检验结果

		T 检验值		P 值
ADF 检验		-4.063058		0.0006
临界值	1% level	-2.754993		
	5% level	-1.970978		
	10% level	-1.603693		
	回归系数	标准误差	T 检验值	P 值
UT（-1）	-2.039398	0.501937	-4.063058	0.0019
D（DT（-1））	0.401745	0.313162	1.282866	0.2259
R^2	0.764910	被解释变量的样本均值		6.77E-05
调整后的 R^2	0.743538	被解释变量的样本标准误差		0.003272
回归的标准误差	0.001657	AIC		-9.826704
残差平方和	3.02E-05	SC		-9.739788
对数似然估计函数值	65.87357	HQC		-9.844569
D-W 检验值	1.726655			

在 5% 的显著性水平下，T 检验统计量值为 -4.063058，小于相应临界值，从而拒绝 H_0，表明残差序列不存在单位根，是平稳序列，说明 Y 与 X_1、X_2、X_3、X_4、X_5、X_6 之间存在协整关系，短期有可能出现失衡，但它们之间有长期的均衡关系，可以进行回归分析。

2. 多重共线性检验

对表 4-6 的回归结果进行分析可知，该模型中 $R^2 = 0.936478$，$\overline{R^2} = 0.888837$ 可决系数较高。但是当 $\partial = 0.05$ 时，$t_{\partial/2}(n-k) = t_{0.025}(15-6) =$

2.262，X_1、X_2、X_3、X_4 系数的 T 检验均不显著，且 X_6 系数的符号与预期相反，这表明很可能存在严重的多重共线性（见表 4 – 8）。

表 4 – 8　　　　　　　　　　相关系数矩阵

	X_1	X_2	X_3	X_4	X_5	X_6
X_1	1.000000	0.355919	0.377664	0.240324	– 0.507586	– 0.337591
X_2	0.355919	1.000000	0.645884	0.775055	– 0.790131	– 0.833448
X_3	0.377664	0.645884	1.000000	0.246533	– 0.504325	– 0.293040
X_4	0.240324	0.775055	0.246533	1.000000	– 0.766624	– 0.974988
X_5	– 0.507586	– 0.790131	– 0.504325	– 0.766624	1.000000	0.810433
X_6	– 0.337591	– 0.833448	– 0.293040	– 0.974988	0.810433	1.000000

其中 X_2 与 X_6、X_4 与 X_6 之间的相关系数较高。由于多重共线性是一直存在的，只是存在的程度高低问题，所以我们将采用逐步回归法来减少共线性的严重程度。

首先，运用 OLS 方法分别求 Y 对各解释变量 X_1、X_2、X_3、X_4、X_5、X_6 进行一元回归，结果见表 4 – 9，再结合经济意义和统计检验选出拟合效果最好的一元线性回归方程。

表 4 – 9　　　　　　　　各变量的一元回归结果

	X_1	X_2	X_3	X_4	X_5	X_6
R^2	0.048717	0.00006	0.146038	0.048973	0.15707	0.032578

其次，依据调整后系数 R^2 最大原则，选取 X_5 作为进入回归模型的第一个解释变量，形成一元回归模型。进行逐步回归，将剩余解释变量分别加入模型，得到分别如表 4 – 10 所示的二元回归结果。

表 4 – 10　　　　　　　X_5 参与的二元回归结果

	X_5、X_1	X_5、X_2	X_5、X_3	X_5、X_4	X_5、X_6
R^2	0.157585	0.422074	0.201627	0.825921	0.800428

通过比较结果并根据逐步回归的思想，我们可以看到，新加入变量 X_4 的二元回归方程 $R^2 = 0.825921$ 最大，并且各参数的 t 检验显著，参数的符号也符合经济意义，因此，保留变量 X_4。在保留变量 X_5、X_4 的基础上，继续进行逐步回归，得到如表 4 – 11 的回归结果。

表 4 – 11　　　　　X_5、X_4 参与的二元回归结果

	X_5、X_4、X_1	X_5、X_4、X_2	X_5、X_4、X_3	X_5、X_4、X_6
R^2	0.867877	0.858498	0.825942	0.851803

再次，在保留变量 X_5、X_4、X_1 的基础上，继续进行逐步回归，得到如表 4 – 12 所示的回归结果。

表 4 – 12　　　　　有 X_5、X_4、X_1 参与的四元回归结果

	X_5、X_4、X_1、X_2	X_5、X_4、X_1、X_3	X_5、X_4、X_1、X_6
R^2	0.897969	0.868539	0.868253

最后，在保留 X_1、X_2、X_4、X_5 的基础上再分别添加 X_3 和 X_6 变量，并将所得的回归结果同表 4 – 13 进行比较，综合判断最优效果。

表 4 – 13　　　　　Y 对 X_1、X_2、X_4、X_5 的最小二乘法回归结果

	回归系数	标准误差	T 检验值	P 值
C	4.069494	0.071846	56.64151	0.0000
X_1	0.033858	0.017214	1.966855	0.0775
X_2	0.020678	0.012041	1.717353	0.1167
X_4	0.026115	0.003826	6.826214	0.0000
X_5	0.181232	0.021419	8.461088	0.0000
R^2	0.897969	被解释变量的样本均值		4.556656
调整后的 R^2	0.857156	被解释变量的样本标准误差		0.007178
回归的标准误差	0.002713	AIC		– 8.720397
残差平方和	7.36E – 05	SC		– 8.484381
对数似然估计函数值	70.40298	HQC		– 8.722911
F 统计量	22.00228	D – W 检验值		2.398097
F 统计量的 P 值	0.000061			

比较表4－14和表4－15我们可以看到，在 X_1、X_2、X_4、X_5 的基础上加入 X_3 后的方程 $R^2 = 0.932798 > 0.897969$，F统计量也增大，说明模型对样本的拟合较好且回归方程显著；同时各解释变量的系数所对应的t值较大，相应的P值基本满足小于显著性水平0.05，说明各解释变量对因变量的影响显著，并且参数的符号也符合经济意义。而在加入 X_6 后虽然方程的 $R^2 = 0.917003 > 0.897969$，但是 X_1、X_2、X_4、X_6 变量系数t值很小，相应的p值都大于显著性水平0.05，说明 X_6 对因变量的影响不显著。而且 X_6 系数符号为负，显然不符合经济意义。因此，根据逐步回归的思想说明 X_6 的出现引起严重的多重共线性。

表4－14　　　　　　Y 对 X_1、X_2、X_3、X_4、X_5 的回归结果

	回归系数	标准误差	T检验值	P值
C	4.074010	0.061498	66.24646	0.0000
X_1	0.037248	0.014810	2.515146	0.0330
X_2	0.040218	0.013710	2.933580	0.0167
X_3	−0.009186	0.004253	−2.159752	0.0591
X_4	0.021563	0.003893	5.539096	0.0004
X_5	0.173930	0.018633	9.334603	0.0000
R^2	0.932798	被解释变量的样本均值		4.556656
调整后的 R^2	0.895464	被解释变量的样本标准误差		0.007178
回归的标准误差	0.002321	AIC		−9.004643
残差平方和	4.85E−05	SC		−8.721423
对数似然估计函数值	73.53482	HQC		−9.007660
F统计量	24.98497	D−W检验值		2.895020
F统计量的P值	0.000050			

表4－15　　　　　　Y 对 X_1、X_2、X_4、X_5、X_6 的回归结果

	回归系数	标准误差	T检验值	P值
C	4.139792	0.084022	49.27054	0.0000
X_1	0.025222	0.017434	1.446723	0.1819
X_2	0.012464	0.012795	0.974125	0.3554

	回归系数	标准误差	T 检验值	P 值
X_4	0.011853	0.010572	1.121162	0.2912
X_5	0.183117	0.020406	8.973854	0.0000
X_6	−0.017378	0.012096	−1.436690	0.1846
R^2	0.917003	被解释变量的样本均值		4.556656
调整后的 R^2	0.870894	被解释变量的样本标准误差		0.007178
回归的标准误差	0.002579	AIC		−8.793543
残差平方和	5.99E−05	SC		−8.510323
对数似然估计函数值	71.95157	HQC		−8.796560
F 统计量	19.88761	D−W 检验值		2.399888
F 统计量的 P 值	0.000127			

因此,本模型最后应保留的自变量是 X_1、X_2、X_3、X_4、X_5,相应的回归结果为

$$Y = 4.0740 + 0.0372X_1 + 0.0402X_2 - 0.0092X_3 + 0.0216X_4 + 0.1739X_5$$
$$(4-5)$$

$$(0.0615)(0.0148)(0.0137)(0.00425)(0.0039)(0.0186)$$
$$t = (66.2465)(2.5151)(2.9336)(-2.1598)(5.5391)(9.3346)$$
$$R^2 = 0.932798, \quad \overline{R}^2 = 0.895464, \quad F = 24.98497, \quad D-W = 2.895020$$

由综合判断法知,上述回归结果基本上消除了多重共线性。模型在 5% 的水平上显著,说明采用此模型很合适;模型的拟合优度比较好,达到 0.933,说明加工贸易增值率的 93.3% 可以用此模型解释。

据式(4−5),模型估计的结果为:

$$lnVAR = 4.0740 + 0.0372lnHR + 0.0402lnII - 0.0092lnLRC$$
$$+ 0.0216lnSTP + 0.1739lnER \quad (4-6)$$

模型估计结果说明:在假定其他变量不变的情况下,机电行业的高级劳动力供给比例每增长 1%,加工贸易增值率就会增长 0.0372%;在假定其他变量不变的情况下,当年自主创新投入每增长 1%,加工贸易增值率会增长 0.0402%;在假定其他变量不变的情况下,当年相对劳动力成本每上涨 1%,会导致加工贸易的增值率下降 0.0092%;在假定其他因素不变的情况下,服务贸易总额所占比重每增长 1%,会带来加工贸易增值率增

长 0.0216%；在假定其他因素不变的情况下，汇率每增长 1%，加工贸易增值率将增长 0.1739%。这些理论分析都和经验判断相一致。

3. 计量结果分析

人力资源的系数为正，符合预期，其值为 0.0372，作用效果不显著。可能的原因是，加工贸易企业在大力提高产量的同时，对高级要素的重视不够，特别是对反映在高级要素的重要指标高级劳动力供给的认识不足。科技活动人员数量偏少，其对转型升级的影响力度小也在情理之中。

自主创新水平的影响为正，其值为 0.0402，对我国加工贸易增值率的促进作用稍明显，这与第 3 章的理论中强调科研技术创新的重要性是一致的。说明加工贸易企业应该要继续加大 R&D 经费支出和新产品开发的资金投入，以此获得更加丰厚的利润。

单位劳动生产率报酬的系数为负，符合预期，说明机电产业作为劳动密集型产业，劳动报酬的提升对加工贸易行业的转型升级有不利的影响；但是，从统计数据看，虽然平均劳动报酬在逐年提高，但是劳动生产率增长的更快，所以单位劳动生产率报酬处于下降趋势，是有利于加工贸易行业转型升级的。

服务贸易进出口额所占比重对加工贸易增值率的影响值为 0.0216，符合预期。有可能是因为我国的服务贸易除了旅游等少数行业外，多数一直是处于逆差状态，且主要集中于远洋运输、旅游、建筑等传统产业和部门，而在全球服务贸易量最大的金融、保险、通信、咨询等技术密集和知识密集的行业，仍处于初级阶段，规模偏小。我国服务贸易内部结构不合理，致使其对加工贸易的支撑作用不大。

模型中选取的汇率是美元对人民币的年平均汇率，$\ln ER$ 与 $\ln VAR$ 之间的关系系数为正，即是说明人民币相对于美元的贬值将对我国机电行业的加工贸易增值率产生正向的促进作用，符合一般理论。人民币贬值以后，用外币表示的我国出口产品的价格有所降低，同其他国家相比，增强了我国产品的市场竞争力，同时以本币表示的企业生产成本也将降低，产品的竞争力提高。

4.6 小　　结

本章通过理论模型分析了我国加工贸易在全球生产网络内价值链中的

位序，探讨影响企业产业升级的影响因素，并选取制造行业里的机电行业，就这些影响因素对其加工贸易增值率的影响程度做了实证分析。

具体来说，高级劳动力要素供给对加工贸易增值率的提高有正向的促进作用，但是由于指标本身发展水平不高，所以未能对增值率大小产生应有的较大的促进作用，日后应当在这方面着力加强；企业自主创新能力对加工贸易增值率的作用较显著，因此国家应该要加大资金扶持力度，企业自身也要增强自主创新意识；劳动力相对成本对增值率有负向的作用，这也是由于机电行业加工贸易固有的要素密集度性质所决定的；服务贸易增值率对机电行业的加工贸易增值率提高产生正向作用但效果不大，本书也初步探究了原因，应当在这方面加以改进。除了所选取的这些因素变量外，还有很多其他因素对我国加工贸易的转型升级产生影响，如政策、体制等政策性因素。

第 5 章

"一带一路"倡议与
新东亚生产网络

20 世纪末的一系列因素使东亚生产网络快速兴起,不仅孕育着新兴生产方式,也重构了全球分工图谱,中国的国际地位和角色更是发生了巨大变迁。在此背景下,"一带一路"倡议成为中国走向"新常态"、实现可持续转型与发展的必要选择,东亚兴起的经验可为"一带一路",特别是丝绸之路经济带建设提供重要的战略指引。

5.1 "一带一路"倡议

5.1.1 "一带一路"倡议的重要意义

习近平总书记在 2013 年 9 月和 10 月先后提出了建设"新丝绸之路经济带"和"21 世纪海上丝绸之路"的发展构想,这一构想已经引起了国内和相关国家、地区乃至全世界的高度关注和强烈共鸣。之所以产生如此巨大的效果,就在于这一宏伟构想有着极其深远的意义,蕴藏了无限的机遇。"一带一路"倡议的发展构想意味着我国对外开放实现战略转变。

第一,"一带一路"的倡议顺应了我国对外开放区域结构转型的需要。众所周知,1978 年召开的党的十一届三中全会开启了中国改革开放的历史征程。从 1979 年开始,我们先后建立了包括深圳等 5 个经济特区,开放和开发了 16 个沿海港口城市和上海浦东新区,相继开放了 13 个沿边、6

个沿江和 18 个内陆省会城市，建立了众多的特殊政策园区。但显然，前期的对外开放重点在东南沿海，广东、福建、江苏、浙江、上海等省市成为"领头羊"和最先的受益者，而广大的中西部地区始终扮演着"追随者"的角色，这在一定程度上造成了东、中、西部的区域失衡。"一带一路"尤其是"一带"起始于西部，也主要经过西部通向西亚和欧洲，这必将使得我国对外开放的地理格局发生重大调整，由中西部地区作为新的牵动者承担着开发与振兴占国土面积 2/3 广大区域的重任，与东部地区一起承担着中国走出去的重任。同时，东部地区正在通过连片式的"自由贸易区"建设进一步提升对外开放的水平，依然是我国全面对外开放的重要引擎。

第二，"一带一路"倡议顺应了中国要素流动转型和国际产业转移的需要。在改革开放初期，中国经济发展水平低下，我们亟须资本、技术和管理模式。因此，当初的对外开放主要是以引进外资、国外先进的技术和管理模式为主。有数据显示，1979～2012 年，中国共引进外商投资项目 763278 个，实际利用外资总额达到 12761.08 亿美元。不可否认，这些外资企业和外国资本对于推动中国的经济发展、技术进步和管理的现代化起到了很大作用。可以说，这是一次由发达国家主导的国际性产业大转移。而今，尽管国内仍然需要大规模有效投资和技术改造升级，但我们已经具备了要素输出的能力。据统计，2014 年末，中国对外投资已经突破了千亿美元，已经成为资本净输出国。[①]"一带一路"建设恰好顺应了中国要素流动新趋势。"一带一路"倡议通过政策沟通、道路联通、贸易畅通、货币流通、民心相通这"五通"，将中国的生产要素，尤其是优质的过剩产能输送出去，让沿"带"沿"路"的发展中国家和地区共享中国发展的成果。

第三，"一带一路"倡议顺应了中国与其他经济合作国家结构转变的需要。在中国对外开放的早期，以欧、美、日等为代表的发达经济体有着资本、技术和管理等方面的优势，而长期处于封闭状态的中国就恰好成为它们最大的投资乐园。所以，中国早期的对外开放可以说主要针对的是发达国家和地区。而今，中国的经济面临着全面转型升级的重任。长期建设形成的一些产能需要出路，而目前世界上仍然有许多处于发展中的国家却面临着当初中国同样的难题。因此，通过"一带一路"

---

① 资料来源：商务部网站。

建设，帮助这些国家和地区进行比如道路、桥梁、港口等基础设施建设，帮助它们发展一些产业比如纺织服装、家电，甚至汽车制造、钢铁、电力等，提高他们经济发展的水平和生产能力，就顺应了中国产业技术升级的需要。

第四，"一带一路"倡议顺应了国际经贸合作与经贸机制转型的需要。2001年，中国加入了WTO，成为世界贸易组织的成员。中国"入世"对我国经济的方方面面都产生了巨大影响。可以说，WTO这一被大多数成员国一致遵守国家经贸机制，在一定程度上冲破了少数国家对中国经济的封锁。但是，近年来国际经贸机制又在发生深刻变化并有新的动向。"一带一路"倡议与中国自由贸易区战略是紧密联系的。有资料显示，目前我国在建自贸区，涉及32个国家和地区。在建的自由贸易区中，大部分是处于"一带一路"沿线上。因此，中国的自由贸易区战略必将随着"一带一路"倡议的实施而得到落实和发展。

5.1.2 "一带一路"建设面临的新机遇

"一带一路"是一个宏伟的发展构想，它的建设过程不仅涉及众多国家和地区，涉及众多产业和巨量的要素调动，这其间产生的各种机遇不可估量。主要有以下几方面：

第一，产业创新带来的机遇。产业创新涉及产业转型升级和产业转移等带来的红利。随着"一带一路"倡议的实施，中国的一些优质过剩产业将会转移到其他一些国家和地区。在国内，因为市场供求变化，一些过剩的产业，也许在其他国家能恰好被合理估值；在国内，因为要素成本的上升而使一些产业、产品失去了价格竞争力，也许在其他国家，较低的要素成本会使这些产业重现生机。在国内，因为产品出口一些发达国家受限而影响整个产业的发展，也许在其他国家就能绕开这些壁垒，等等。此外，由于产业转移引致的产业转型升级更是机遇无限，比如技术改造、研发投入、品牌树造等都会给投资者带来无限机遇。

第二，金融创新带来的机遇。"一带一路"倡议的实施首先需要有充足的资金流，巨量的资金需求只能通过金融创新来解决。我们已经发起设立"亚投行"和"丝路基金"，但这也只能解决部分资金问题，沿"带"沿"路"国家和地区一定会进行各种金融创新，包括发行各种类型的证券、设立各种类型的基金和创新金融机制等，这其间的红利和机遇之多甚至是不可想象的。

第三，区域创新带来的机遇。"一带一路"沿线国家本质上是一个国际性区域经济的范畴，随着"一带一路"倡议的实施，必将引发不同国家和地区的区域创新，这包括区域发展模式、区域产业战略选择、区域经济的技术路径、区域间的合作方式等，这其间的每个创新都蕴涵着无限的机遇。

5.1.3 "一带一路"倡议实施中应注意的问题

"一带一路"倡议的实施不仅有机遇也充满了挑战，需要我们有一定的风险意识，并未雨绸缪。

首先，自1999年以来，中国政府就一直鼓励企业"走出去"。最初的投资大多集中于一些全球贫穷国家的资源开采项目上。近年来，随着国内经济实力的不断增强，中国对外投资首次超过了外资流入，对外投资也被引导到发展中经济体和发达经济体中的更为引人瞩目的项目上。2010年前，中国"走出去"模式基本上围绕着大宗商品，之后开始在一些实行竞标机制的国家承建基础设施项目。我们知道沿"带"沿"路"的一些发展中国家还是比较愿意接受我们的投资，但由于其中一些国家政局并不是十分稳定，不同党派之间的理念差别很大，一旦一个党派下台，就会改变过去的对外政策，这必将给我国在这些国家的投资带来巨大风险。因此，我们在具体实施"一带一路"倡议时必须对这些国家的政治格局、法律环境等进行仔细研究，在投资之前做好风险应对的预案，将投资的风险降到最低。

其次，"一带一路"倡议实施中的任何创新其实都会有潜在的风险，尤其以金融为主的虚拟经济创新蕴含的乘数式风险，需要我们时时刻刻保持高度警觉。

最后，实施"一带一路"倡议必须得与国内经济状况相适应。我们要看到，中国的产能过剩是相对的；实际上，国内在基础设施建设方面仍有很大空间，大有可为。如果我们不顾及国内的这些实际需求而一味向国外投资和转移产业，有可能会产生对国内投资的挤出效应和产业的"空洞化"。

5.2 东亚生产网络

5.2.1 东亚生产网络的产生和演进

1. 东亚生产网络的含义

自 20 世纪 90 年代以来,东亚区域逐渐形成了一个具有鲜明特色的生产网络即东亚生产网络,这个网络对东亚地区的生产分工模式、区域一体化的形势甚至是在世界经济中的地位和影响力都产生了广泛的影响。东亚区域目前已经是世界上经济增长最迅速、经济活力最大的地区,是影响国际经济形势的重要区域。

东亚生产网络具体是指将产品生产流程分成多个环节分散到要素密集度和区位优势存在差异的东亚国家或地区(这里主要指中国、日本、韩国,以及中国香港、中国台湾和东盟)进行,这些国家或地区根据自身的比较优势在产品内分工的各个环节进行专业化生产并通过产品内贸易形成了多层次的网络生产体系,它是由产业间分工以及产业内分工发展过来的,是一种产品内分工和垂直专业化生产下的新型网络生产体系。

2. 东亚生产网络的形成与演进

在 20 世纪 60 年代中期以前,整个东亚区域形成的是一个比较简单的产业间分工体系,像化工、能源以及高科技产业等生产领域主要集中在日本,日本也是这个区域内唯一的发达国家,而区域内其他国家主要是提供一些原材料或者资源,有时也生产一些普通消费品。然而,随着韩国、新加坡,及中国香港以及中国台湾等新兴国家或地区不断引入资金和先进技术,调整产业结构,推动产业升级,这些国家或地区率先接受了一些资本密集型和技术密集型产业。20 世纪 70 年代后期随着中国的改革开放和东盟国家制造业的快速发展,这些国家或地区也逐渐参与到东亚产业间分工体系中来。至此,东亚区域内的产业间分工呈现出了"雁行模式",即工业化最发达的日本是头雁,将一些比较劣势的产业逐渐转移到处在雁行中部的"亚洲四小龙",然后"四小龙"又把它们的比较劣势产业移到作为行尾的中国和一些东盟国家。该模式的实质就是区域内各个国家或地区将比较劣势的产业向外逐次转移,这是一种典型的产业间垂直分工模式。

但是,到了20世纪80年代,东亚区域内的分工又有了新的进展。这一时期,东亚区域内不仅有产业间垂直分工的深化,而且出现了产品内分工如外包、转包等。特别是80年代末期日本和亚洲"四小龙"等国家或地区的货币升值降低了这些经济体的出口竞争力,迫使这些国家和地区的企业将其产品的生产环节不断向外转移,如通过FDI把一些劳动密集型的生产环节移到东亚一些工资比较低的国家,或者通过加工外包的方式把利润不高的生产环节转移到其他国家,从而降低生产成本,这使得东亚生产网络中逐渐形成产品内分工模式。另外,随着经济全球化趋势的加强,资本、劳动和技术等生产要素在全球范围加速流动,再加上东亚各经济体积极吸引外资,鼓励出口,使得东亚经济体更容易获得自身发展所需要的资金和技术,特别是中国在制造领域的崛起,进一步强化了东亚区域内分工从产业间分工向产品内垂直分工的转变。至此,一个区域内各经济体可以发挥其比较优势的新的东亚生产网络逐渐形成。而随着东亚生产网络中产品内垂直分工的确立,网络内的生产共享机制得到不断完善,区域内的零部件贸易也得到迅速发展,这些都大大提高了东亚生产网络在全球的竞争力和经济地位。

5.2.2 东亚生产网络的特征

20世纪90年代以来,东亚既往的雁行分工格局发生深刻变迁,在信息科技革命兴起、跨国公司积极推动、东亚各国不断推进贸易自由化,特别是中国入世带动庞大的廉价劳动力进入国际市场的过程中,以往主要在跨国公司内部发展的基于生产过程内部展开的分工——产品内分工,开始在东亚演化为新兴的国家间分工格局,形成新的东亚生产网络。

第一,中间产品贸易构成东亚区域内贸易的主要组成部分。从东亚各国(地区)的分工和贸易关系来看,以零部件为代表的中间产品成为生产和贸易的主导产品。2002年东亚中间产品贸易比重为62.5%,到2008年金融危机前达到65.7%的高水平,危机后有所下降,2012年仍为62.8%。[1]

---

[1] 资料来源:世界贸易组织数据库。

第二，东亚以中国为加工制造轴心而内在联结。第二次世界大战以后，东亚主要以日本为领头雁和贸易中心展开国际分工；东亚生产网络兴起以后，中国逐渐取代日本，成为东亚的经济中心，大部分东亚国家以中国为最大的区域内出口市场和进口品来源地，并围绕中国展开在全球产业链不同环节的分工。从东亚整体经济联系来看，中国已经成为区域内初级产品、半成品和零部件，甚至资本品的最大进口国，同时还是区域内资本品和消费品占据绝对主导地位的出口国，2011 年中国向区域内出口的资本品和消费品分别占区域内总出口的 42.2% 和 48.4%，中国利用廉价劳动力成为东亚生产网络中的加工制造轴心。

第三，贸易规模、特别是区域内贸易规模快速攀升。第二次世界大战以后到 20 世纪 90 年代中期，东亚雁行分工格局的发展使东亚国家（地区）间主要呈现竞争关系，各国以着重发展区域外贸易为主要特征。东亚生产网络兴起后，东亚国家（地区）间不断加大区域内贸易，并由于频繁的生产过程中贸易带动贸易总量上升。从东亚区域内及与世界各国贸易的比较来看，东亚总进出口均超过世界贸易增长，且占世界贸易的份额持续攀升。1998 年，东亚 10 国和地区区域内出口总额占世界总出口的 8.2%，2012 年升至 13%，区域内总进口占世界总进口比重由 7.9% 升至 11.1%。东亚 10 国和地区总出口占世界总出口比重则由 1998 年的 21.7% 持续升至 2013 年的 27.9%，总进口比重由 16.9% 升至 27.3%。①

在中间产品分工基础上形成紧密生产网络，使东亚在短短十余年时间内快速发展，东亚的发展经验主要包括：第一，软硬件互联互通是东亚生产网络兴起的重要条件。从硬件联通来看，在远洋运输领域，20 世纪 60 ~ 70 年代兴起的集装箱化运输大大提高了远洋运输效率，随着大型、巨型远洋轮船的研制与应用，大宗货物运输费用和运输时间被大幅节省。在航空运输领域，规模经济的实现降低了航空运输成本，为人员、商品快速高效流动提供了条件。在铁路、公路领域，高速公路、高速铁路的建设与发展大大加速了要素商品流动和国内市场整合。20 世纪 80 ~ 90 年代，亚洲国家经济建设与发展使现代交通运输技术得以日益广泛的普及与应用，大大压缩了亚洲国家内部、相互之间以及与世界市场之间的时空距离和运输成本。从软件联通来看，自 90 年代新自由主义浪潮席卷新兴国家始，韩国、泰国、印度尼西亚、新加坡等亚洲国家纷纷推进经济自由化和

---

① 资料来源：世界贸易组织数据库。

开放化，中国则加速市场经济改革；东亚国家大幅开放贸易、资本市场，为进一步融入全球分工体系创造条件。此外，亚洲金融危机之后，东亚国家（地区）在加强合作、有序开放过程中继续推进贸易自由化与投资便利化。2001 年后，随着中国加入 WTO，以及 3 个 "10 + 1"、CEPA、APEC 等区域性合作框架与机制的启动，东亚区域内商品、要素流动的关税、非关税壁垒不断下降，要素可流动性得以提高。日益扩大的市场为各国加速各自产业集聚创造了条件。

第二，选择差异化产业集聚方向，并在产业链中实现分工合作，由此构建起东亚较为稳固的、可持续的合作机制。在大市场作用下，东亚各国因各自要素禀赋差异，而逐步选择经模块化分解的产业链的不同环节进行专业化分工。一方面市场扩大带来生产的规模化效应，生产效率得以提升；另一方面各国因只生产整个产业链的一个或几个环节，而与其他国家的不同生产环节形成密不可分的合作关系，依此原理构建起的分工关系具有稳固性和可持续性。深入参与这一分工模式的国家因此获得较快发展，如中国、韩国、新加坡、马来西亚等；而没有抓住这一分工特点、顺势促进本国产业升级的国家，则逐步累积深层矛盾，且矛盾在一系列外因作用下有所激化，如日本、菲律宾等，它们在 21 世纪以来的东亚分工格局变迁中地位大幅下降。

第三，各国（地区）保持较高的独立自主性，并着力于为本国（地区）经济发展创造环境与条件，通过与其他国家签订多层次的合作协议，营造有益的国际市场环境。东盟的建立与发展以平等和合作为宗旨，各国不寻求结盟或针对第三国，政府以促使本国经济转型与发展为主要任务。像新加坡、韩国、中国等，政府在改善市场环境、培育人力资源、鼓励新兴产业、促进对外交往等方面都发挥着积极作用；在对外交往方面，各国分别与不同国家签订多层面的自由贸易协定并创建自由贸易区，以使对外交往适合本国发展需要，由此实现最大利益。这一尊重彼此主权、保持独立性、通过合作谋求发展的模式，充分激发了各国、各方力量的积极性，为东亚生产网络的形成提供了重要动力和环境，也使东亚建立在平等互利、合作共赢的发展根基之上。

5.2.3　东亚生产网络兴起的深远影响

东亚生产网络的兴起，的确有其多方面的特殊性，然而，其影响却并不仅仅限于东亚本身,而是在短短十余年时间内,开辟出全球社会经济发展的崭新空间。

第一,东亚生产网络的兴起表明模块网络化这一新型生产组织方式的强劲动力。20世纪末以来,消费规模扩张与需求多元化并行发展,即产品需求规模扩大以产品差异化、多样化及小批量需求为基础。面对这一需求趋势,制造企业主要将多样化、小批量产品进行零部件与管理流程的模块分解,将共享零部件及管理流程实行标准化,实现模块生产与管理流程规模化,不同模块组合形成差异化产品,由此解决多样化产品小批量需求与规模化生产之间的矛盾,所产生的零部件生产模块、业务流程模块和组织架构模块构成模块化技术的三个基本层面。通过标准零部件及管理流程的模块化生产,企业既能增加产品多样性,又能降低制造管理成本,还能加速产品设计与开发,市场适应能力得以提高。在模块化生产管理技术基础上,企业一方面倾向于将有限资源集中于能够发挥自身优势的模块和生产经营环节,以实现规模经济和巩固垄断竞争优势;另一方面将非核心生产经营模块采用大规模定制方式外包。由此,生产分工从企业内部转化为企业之间,并通过跨国公司全球布局和更广泛国家的企业参与,形成国际层面的产品内分工。东亚实践的显著进展表明,生产流程的模块分解,到模块企业和网络组织形成,再到各模块企业产生更趋差异化的需求,使生产系统走向循环累积的模块网络化发展,这一发展机制已经初步成型,并通过东亚生产网络兴起表现出强大生命力。利用模块网络化促使分工细化,以及各国、各方选择差异的专业化方向,使彼此更紧密、高效的联结,会创造出更大生产力,进而为全球经济走向未来开辟可选择的道路。

第二,东亚生产网络的兴起使全球分工细化到生产流程内部,服务环节衍生与贸易即将上升为主流。商品贸易一直是全球贸易的主流,关贸总协定的谈判主要以降低商品贸易的关税与非关税壁垒为核心;20世纪80年代启动的乌拉圭回合谈判取得的显著成果在于商品贸易进一步自由化,同时开始涉及服务贸易、知识产权保护、投资便利化等议题;21世纪启动的多哈回合谈判大量的议题是有关服务贸易,然而各国根本利益的巨大差异与冲突,使多哈回合谈判屡屡受挫。东亚生产网络的兴起,打开了产业链条,使之跨越国界、覆盖于多国,由此不仅使许多本来内生于生产过程之中的服务环节独立出来,并逐步跨越国界,以联结分散的生产环节,这使得服务业、服务贸易已经成为国际经济联系中不可或缺且日益重要的组成部分。面对服务贸易领域国际协调机制的匮乏，东亚生产网络基础之上形成"意大利面条碗"似的自由贸易协议，这些协议依据参与国可接受程度，在商品贸易、服务贸易等领域实行不同程度的自由开放，由此使定制的国际协议更符合各国切身利益。随着分工越来越细化，服务领域的自由开放将成为东亚国家及其贸易方的迫切需求，诸如 TTP（《泛太平洋战略经济伙伴关系协定》）、TTIP（《跨大西洋贸易与投资伙伴协定》）和 PSA（《多边服务业协议》）等以服务贸易自由化为主要内容的谈判机制，其启动虽夹杂不少政治因素，但从全球经济发展形势来看，有其客观必要性。

第三，东亚生产网络的兴起深刻改变了全球分工图谱。通过对占世界商品和服务贸易总额约83%的37国和地区①，1995～2012年商品和服务贸易关系及变化的实证分析，可以看到21世纪以来全球分工的变迁为：中美引领东亚和北美区域在产品内分工层面强化融合上升为主流。当前的全球分工图谱为：全球分别以德国、美国和中国为中心的欧洲、北美和东亚构成全球三大贸易区域；通过中国和美国的紧密联结，东亚和北美的一体化水平显著提升，美国依托北美和东亚两大生产体系成为生产性服务等先进分工环节聚集地，占据全球产业演进领先地位；欧洲以区域内一体化为主，区域外经贸往来相对较少，整体的生产分工细化程度落后于亚太，德国、英国等中心国家的先进产业演进程度相较美国滞后。

总而言之，东亚生产网络的兴起，是新兴生产组织方式发展的初步表现，它不仅加速推动了全球产业演进，还深刻重构着全球经济联系和分工图谱；既掩埋下了内在矛盾，也预示着各国发展前景。

5.2.4 东亚生产网络与代工企业升级的关系

1. 东亚生产网络中代工企业升级的机会

企业升级的一个重要动力来源在于对外部知识的获取和运用。而东亚生产网络恰好为代工企业升级提供这样一个外部知识扩散机制，即位于价

---

① 37国和地区包括：东亚10（中国、日本、韩国、新加坡、印度尼西亚、马来西亚、泰国、菲律宾、越南，以及中国香港）；欧洲17（德国、法国、英国、意大利、比利时、荷兰、匈牙利、波兰、爱尔兰、捷克、奥地利、丹麦、瑞典、西班牙、瑞士、挪威和俄罗斯）；北美3（美国、加拿大和墨西哥）；外围7（巴西、阿根廷、智利、印度、澳大利亚、南非和土耳其）。

值链高端的主导企业向低端的供应商进行垂直知识转移，以及价值链同一水平上不同企业之间的水平知识扩散。正是由于东亚生产网络内有着丰富的知识来源，而且这知识的流动性和扩散性都比较强，因此代工企业通过嵌入东亚生产网络才能更有效地提高其技术创新能力。主要表现为：主导企业在激烈的竞争压力下把一些利润不高的生产环节转移到发展中国家，但由于发展中国家代工企业的技术水平有限，为了保证产品的质量和合作的有效进行，主导企业会通过知识引导、技术支持、加强监督等手段来引导代工企业的生产活动，在这一过程中，主导企业的一些先进知识会扩散到代工企业那里，从而促进代工企业的升级。另外，在价值链的同一环节上，由于不同企业之间会存在交流与合作，从而为代工企业吸收知识提供了另一个途径。

企业升级的另一个动力在于企业自身的创新。企业要实现转型升级，必须要有自己的核心竞争力，而代工企业很难在生产网络中知识扩散的机制里得到这种核心竞争力。但代工企业会在东亚生产网络内持续激烈的竞争中明白，企业要想获得持续有效的发展必须要有自己的核心知识与核心竞争力，这给了企业不断创新的动力，企业也会增加对创新的投入力度。

2. 东亚生产网络中代工企业升级的制约

虽然代工企业在东亚生产网络中可以获得升级的机会，但是代工企业的升级活动一旦威胁到主导企业的利益，主导企业就会采取措施挤压代工企业，将其控制在价值链的低端环节。

主导企业对代工企业挤压的手段有很多，比如通过加强对知识溢出的保护来抑制代工企业。一方面主导企业可以根据各个生产环节不同的要求，仅提供相应的知识和技术参数，使得各个环节上的企业只能获得本环节的单项技术，从而抑制了知识和技术系统性的扩散。另一方面主导企业通过在代工企业所在国家申请专利保护其知识和技术。主导企业可以在向不同生产环节的代工企业提供知识和技术之前，向代工企业所在国家申请专利保护，从而阻止其知识和技术向代工企业扩散。

另外，主导企业还可以压低价格来抑制代工企业的资本积累和技术创新。在由国外先进企业主导的东亚生产网络中，代工企业遭到了来自上下游两端的双重挤压：一是上游技术型企业的挤压。由于上游企业掌握了核心知识和技术，其可以通过提高产品或服务的价格挤压处在中游的代工企业，从而获取利益。二是下游销售商的挤压。销售商凭借其优势品牌，掌握了重要的国际销售渠道，因而其可以通过压低采购价格来挤压代工企业，获取利益。正是由于上下游两端的双重打压，导致代工企业利润微薄，资本积累缓慢，研发投入不足，从而抑制了代工企业的升级之路。

5.3 "一带一路"倡议下中国在新东亚生产网络中的地位

5.3.1 中国在东亚生产网络中的地位

1. 融入东亚生产网络的速度快

中国虽然是东亚生产网络的后来者，参与东亚生产网络的时间并不是很长，但融入的速度却非常快。1992~2013年中国对东亚主要国家和地区的进出口贸易总额由971亿美元增加到14124亿美元，共增长了13.5倍，而同一时期的日本这一数据仅增长了3.3倍，网络中其他成员增长最多的是韩国，但其对东亚地区的进出口贸易总额也只增长了7.1倍。这些数据显示出中国融入东亚生产网络分工的速度很快。

2. 在东亚生产网络中的地位日益显著

在参与东亚生产网络的过程中，我国凭借廉价的劳动力以及其他要素价格的优势，不断加强与网络内其他经济体的合作与交流，其地位与作用日益增强。2001年，中国和网络内主要经济体的进出口贸易总额为2201亿美元，并由表5-1可知，该年中国占网络内部贸易总量的比重只有18.4%，不仅低于日本的22%，比东盟六国也少了十几个百分点。不过在2013年中国占网络内部贸易总量的比重已经增加到了30.1%，而日本所占的比重则降到了14.1%，中国也成为东亚生产网络中贸易量最大的单一经济体，这在一定程度上表明了中国在东亚生产网络中的地位日益显著。

表 5－1 东亚经济体占网络内部贸易量的比重 单位：%

国家及地区	2001 年			2013 年		
	进口	出口	进出口	进口	出口	进出口
中国内地	16.6	20.4	18.4	26.1	33.4	30.1
日本	21.7	22.3	22	15.5	13	14.1
韩国	9.5	10.1	9.8	9.2	11.3	10.3
中国香港	23.7	16	19.9	18.6	14.9	16.6
东盟	28.5	31.2	29.9	30.6	27.4	28.9
新加坡	9.9	10.5	10.2	7.9	10.1	9.1
印度尼西亚	2.4	5	3.7	5.5	4.1	4.7
马来西亚	6.7	7.5	7.1	5.6	5.4	5.5
菲律宾	2.9	2.2	2.6	1.6	1.3	1.5
泰国	4.9	4.8	4.8	5.8	4.5	5.1
越南	1.7	1.2	1.5	4.2	2	3

资料来源：根据 Comtrade Database 数据计算得出，这里东盟指新加坡、印度尼西亚、马来西亚、菲律宾、泰国和越南，因为这六个国家在东盟中对外贸易量最大。

3. 中国的融入加深了东亚生产网络的内部联系

改革开放的实施，使得中国在比较短的时间内就成为世界工厂，在很多制造业的领域里都具有很强的生产制造能力，特别是在电子、机械、服装等领域，形成了比较完整的产业链和产业集群。从而使发达国家跨国公司不断将生产环节转移至中国，特别是日本、韩国等经济体跨国公司生产环节的转移，使得在产品分工的体系中，中国与区域内的其他国家（地区）比如日本和亚洲"四小龙"之间，表现出了很强的互补效应而不是替代效应，这进一步加深了东亚区域内各经济体之间的联系。也正是因为我国制造业生产能力的增强，从而拓宽了东亚生产网络的广度与深度，大量生产环节都可以直接委托给中国的代工企业，不需要再在其他区域寻找合适的代工企业，从而降低了许多成本，提高了利润。与此同时，中国对东亚生产网络的融入促进了区域内的贸易循环和对外贸易的增长，增强了网络内成员的凝聚力和吸引力。因此，随着中国生产能力的增强再加上融入东亚生产网络程度的加深，区域内的分工合作将更加紧密，在一定程度上可以说是中国的快速参与密切了东亚生产网络的内部联系。

5.3.2 新的国际分工与中国的"一带一路"倡议

亚洲金融危机之后，雁行分工模式全面解体，东亚各国（地区）开始认识到区域合作的重要性，加强区域合作成为防范和抵御金融危机的有效途径。1997 年，东盟分别与中日韩签署《面向 21 世纪的合作宣言》，推动形成三个"10+1"合作机制。此后，中国—东盟自由贸易区和中国—韩国自由贸易区也相继成立，标志着东亚区域合作进入了一个崭新的发展时期。另外，科学技术的发展和生产力水平的提高，使新产品生产出现多样化和复杂化的趋势，产品生产所涉及的原材料、配件和零部件逐渐增多，产品市场竞争加剧。而信息技术的发展也大幅度地降低了企业的信息交流成本，推动企业进行"碎片化"生产，这些变化促使一种新的分工模式，即东亚区域生产网络的形成。东亚区域生产网络分工的形成是东亚各方经济体崛起的象征，标志着以日本为"雁首"的雁行分工模式的终结。在区域生产网络分工下，东亚各经济体联系日趋紧密，经济发展差距随着产业转移和产业结构升级而不断缩小，跨国公司成为组织产品生产的主要力量，传统的比较优势逐渐被竞争优势所替代。

中国已由被动接受分工转向主动参与分工，由垂直分工转向水平分工。在以产品内分工为主的价值链环节中，中国凭借着技术的不断创新正逐渐由价值链的低端向两边转移，努力打破长期由发达国家垄断的产品价值分配格局。2015 年，中国制造业产值已达 27.42 万亿元，占东亚地区总产值的 65.3%。与此同时，产业结构不断调整优化，2015 年第三产业增加值占国内生产总值的比重为 50.5%，比上年提高 2.4%，高于第二产业10%。对外直接投资也逐年增加，2015 年达到 1180.2 亿美元，年末对外投资存量首次超过万亿美元，中国作为东亚地区的新生力量正发挥着越来越重要的作用。①

而另一方面，自日本经济陷入萧条以来，经济发展动力依然不足，2015 年日本经济增长率仅为 1.5%，泡沫经济的破灭和产业"空心化"长期影响日本企业的发展。而连续 20 年的通货紧缩也使日本经济复苏希望渺茫，次贷危机和日本海啸，使原本萧条的日本经济雪上加霜，可以说日本已无力主导东亚地区未来经济发展。除此之外，亚洲"四小龙"经济发

①　资料来源：联合国统计数据库。

展也步履维艰，韩国 2015 年第四季度 GDP 环比增长 0.6%，全年 GDP 增速为 2.6%，是三年来最低水平，韩国政府设定的"保三"目标并没有实现。而出口的持续恶化也为韩国的经济蒙上阴影，2016 年 7 月份韩国出口同比下滑 18.3%，过高的外债和低迷的市场需求使韩国经济遭受双重打击。中国台湾的经济发展更为糟糕，2016 年第二季度 GDP 增长为 0.2%，而 2015 年全年增长率仅为 0.85%，当局的"保 1"希望破灭，为六年来经济发展最差的一年。同时，中国台湾受国际产油国财政收紧和中国大陆经济结构调整的影响，2015 年出口额连续 12 个月下跌，年减 13%，使其经济颓势难以扭转。中国香港由于内地游客数量锐减以及出口持续恶化，整体经济增速放缓，2016 年第二季度经济增长放缓至 1.2%，整体经济增幅连续 4 年低于过去的 3.4% 平均水平，而 2016 年第四季度香港经济只能维持在 1%～2% 的增速范围。新加坡是亚洲最容易受全球需求波动影响的国家，随着中国进口下滑和全球经济低迷，新加坡经济遭受重创。虽然新加坡受服务业稳步增长提振，但最主要的制造业却不断萎缩，未来几年，1%～2% 的低速增长将成为常态。除此之外，从东亚经济发展方式来看，东亚地区经济增长过分依赖于区域外部市场拉动，随着区域生产网络分工的深化和生产要素的快速流动，东亚各经济体的生产能力大幅度提高，而内部市场的需求却不能有效消化过剩产能。次贷危机爆发后，欧美外部市场消费能力大幅下降，东亚各经济体出口遭受严重冲击，经济陷入困境。其中韩国经济遭受的冲击最为严重，金融危机使韩国经济几乎倒退了十几年。

相反，中国凭借巨大的消费市场潜力，迅速走出经济危机的阴霾，并为东亚其他国家（地区）经济复苏创造了条件。然而在全球经济疲软的后危机时代，如何引领世界走出经济低谷以及为东亚各国（地区）创造新的增长动力，是未来中国经济发展所必须面对的问题。在全球化的浪潮中，中亚、西亚、南亚和东南亚等国家和地区一直处于被边缘化状态，具有较强的发展潜力。而从地缘角度看，中国与中亚、西亚、南亚和东南亚等地区相邻，具有天然的地理优势。在日本和亚洲"四小龙"全面衰退的形势下，建立以中国为"雁行之首"、"一带一路"沿线国家为"雁行之身"的新的分工体系，对于世界经济复苏和东亚经济发展具有重要的意义。为此，中国审时度势地提出了"一带一路"的发展构想。

1. "一带一路"倡议是应对国内外经济格局变化的直接反映

从国际层面来看，受次贷危机的影响，世界经济陷入低迷，发达经济体增长动力严重不足。2015 年世界经济增速为六年来最低水平，而 2016 年或将保持低速的复苏态势。在这种形势下，各种形式的国家主义和贸易保护主义抬头，2016 年特朗普竞选美国总统时提出的"逆全球化"策略，其目的就是要通过贸易保护政策加速实体产业回流美国，以此拉动美国经济增长。然而，"逆全球化"策略的实施并不会改变发达经济体的增长颓势，违背比较优势的全球产业分工必将加深世界贸易格局的失衡，而要进一步促进世界经济发展，必须在经济全球化下激发发展中国家的经济增长潜力。因此，中国提出的"一带一路"倡议就成为扭转世界经济增长颓势的唯一途径。通过"一带一路"倡议，中国将与沿线国家构建新的分工体系，通过优势互补，带动沿线国家经济增长，以此为世界经济复苏创造有利条件。从国内层面来看，中国自改革开放以来，积极参与国际分工，并迅速成长为第二大经济体、第一大外汇储备国、第一大货物贸易国。然而由于地理位置的限制以及政策倾向，造成了东部隆起、西部塌陷的不平衡发展格局。可以说 40 年的改革开放是"向东开放"，主要面向欧美等发达国家开展贸易。而随着中国经济发展进入新常态，产业结构调整压力逐渐增强，向南、向西开放成为重点。通过"一带一路"倡议加深与中亚、西亚、东南亚、南亚和中欧等地区的经贸合作，形成全方位的开放格局和分工体系，进一步缩小东西部发展差距，是"一带一路"倡议之核心意义。

2. "一带一路"倡议是一种全新的分工模式

在复杂的国内外环境下，"一带一路"提倡"政策沟通、设施联通、贸易畅通、资金融通、民心相通"，即通过互联互通的方式组建新的分工体系。在经济全球化的浪潮下，分工模式正由垂直分工向水平分工转变，各个经济体成为区域生产网络的不同节点。然而不论是以日本为"雁行之首"的东亚雁行分工模式，还是分工不断细化的区域生产网络，任何形式的分工模式都需要具有"雁行之首"地位或处在核心节点的经济体来引领。核心经济体的作用有三个方面：一是制定相应的分工规则，指引整体经济发展方向，共同应对外部经济冲击；二是核心经济体通过对外直接投资和技术转移，为其他经济体的经济发展创造条件；三是向其他经济体输送优质产能，推动其工业化进程。在这个过程中，核心经济体一方面拓展了外部经济发展空间，为产业结构升级创造条件，另一方面则进一步发挥了各经济体的比较优势，将经济互补性转化为发展动力，带动整体经济的发展。除此之外，从雁行发展理论来看，具有"雁行之首"地位的经济体还应具有两方面特征：一是在经济总量方面具有绝对优势。中国自改革开放以来保持连续 35 年的快速发展，2010 年 GDP 已超过日本，成为亚洲第一，世界第二的经济体。中国庞大的人口规模，强大的消费市场潜力，为其他经济体的经济发展创造广阔市场。二是具有先进的生产技术和雄厚的资金储备。随着中国不断加大对新技术的引进和吸收，科技水平不断提高，尤其是在高铁、航空、电信和核电等领域形成明显的产业优势，同时借助信息技术革命的发展契机，积极推进"互联网＋"政策，改造传统产业。同时，中国巨大的外汇储备也为参与分工的其他经济体基础设施建设提供了资金保障，截至 2017 年，中国的外汇储备已达 3.14 万亿美元。先进的生产技术和雄厚的资金储备是中国组建新型分工体系的基础。中国不仅经济总量巨大，而且国土面积广阔，向西、向南、向北的同步开放战略也将囊括更多的空间经济单位。从地缘角度来看，"一带一路"倡议贯穿亚欧大陆，一边是发达的欧洲经济圈，另一边是活跃的东亚经济圈，中间腹地是经济发展潜力巨大的中亚、西亚等地区，沿线地区涵盖了 60 多个国家、90 多个城市，并在荷兰的阿姆斯特丹形成一个闭环结构。"一带一路"倡议不仅是一种全新的分工模式，而且还是人类历史上的一项伟大的工程。

5.3.3 "一带一路"倡议下国际分工新模式

"一带一路"倡议涉及的国家多、范围广，且与沿线国家之间具有较大的文化差异。同时，各个国家经济发展水平不同，相应的产业承接能力也不同，贸易合作方面也存在较大摩擦。而中国的"一带一路"倡议不同于从自身利益角度出发的日本雁行模式，"一带一路"组建的一种双赢和共赢的分工模式，将通过共享中国发展红利，实现共同发展。因此，中国要全面推进"一带一路"倡议应考虑以下三方面内容：

1. 加强对沿线国家基础设施建设，深化金融合作

组建新的分工体系，必然要降低各国之间的贸易成本，而沿线国家大多数是发展中国家和欠发达地区，基础设施落后，交通运输能力严重不足。陆上丝路沿途多戈壁沙漠、雪山峻岭，与我国相连的哈萨克斯坦、吉尔吉斯斯坦等国的铁路、公路年久失修。同时，沿线国家地形地貌复杂，相应产业配套设施建设落后，这不仅加大了中国与沿线国家的贸易成本，限制了商品贸易的流通。同时也不利于承接中国产业转移,增加了产业"落地"的难度。因此,在基础设施建设方面应加强技术标准体系的对接,共同推进骨干通道建设,逐步形成亚欧非各地区的基础设施网络。截至2016年7月,中国对"一带一路"相关国家基础设施的投资累计已达511亿美元。2015年,中国同"一带一路"参与国双边贸易额突破1万亿美元;同期,中国企业与"一带一路"沿线的60个国家新签对外承包工程项目合同近3000份,合同总额为716.3亿美元,占同期中国对外承包工程新签合同额的43.9%。同时,中国在2016年相继开展了与巴基斯坦合作的卡洛特水电站建设,以及与印度尼西亚的雅万高铁和与德黑兰的马什哈德高铁的建设。2016年9月,在杭州召开的G20会议上,也通过成立了全球基础设施中心,这不仅有助于从供给侧上缓解基础设施的不足对世界经济发展构成的瓶颈约束,而且也能够从需求侧上拉动相应的投资需求,带来更多的跨国界"引致效应",而这与"一带一路"倡议不谋而合。另外,根据2009年亚洲开发银行的报告,2010~2020年亚洲基础设施投资总需求预计为8.28万亿美元,而"一带一路"沿线国家总体经济实力不强,相应的投融资渠道有限,基础设施建设资金严重。因此,中国除了自身扩大基础设施投资外,还应与沿线国家开展更加深入的金融合作,发挥丝绸之路基金和各国主权基金的作用,引导社会基金和商业基金共同参与"一带一路"重点建设项目。同时,建立多层次多区域的货币合作体系,推动跨境金融服务网络建设,改善投资环境,鼓励民间资本进入。2016年1月,亚洲基础设施投资银行正式开业,这为"一带一路"基础设施建设提供了充足的资金支持。

2. 推动"一带一路"倡议与沿线国家战略的无缝对接

沿线国家由于在政治、经济、文化、宗教信仰等方面存在诸多不同,形成了各国不同的发展模式,如何将"一带一路"倡议与沿线国家的发展战略进行融合,对于推动"一带一路"倡议的发展至关重要。自"一带一路"倡议提出以来,沿线国家反应强烈,期待与顾虑并存。期待主要体现在一些沿线国家看到中国先进的生产技术、充足的资本和广阔的市场,而且"一带一路"倡议所倡导的"共商、共建、共赢、共享"的精神也符合双方经济发展追求。顾虑主要体现在一些沿线国家将中国的"一带一路"倡议看作是经济侵略。由于一些国家的经济发展水平明显落后于中国,片面地认为"一带一路"倡议将影响其所在地区的经济主导权,例如印度担心中国在印度洋打破其主导优势。为此，中国要积极寻求利益共同点，抵制意识形态上的冲突，加强"一带一路"与沿线国家相关战略的无缝对接。当前中国与沿线国家开展了多方面的合作，例如与哈萨克斯坦的"光明之路"计划，与蒙古的"草原之路"计划，与印度尼西亚的"海洋强国战略"以及与巴基斯坦的"中巴经济走廊"建设和欧盟的"3150 亿欧元战略投资计划"等。这些战略与"一带一路"倡议不谋而合，对于推进"一带一路"倡议的发展起到了重要作用。除此之外，中国也要妥善处理与沿线国家的相关战略的利益冲突，尤其对于印度的"香料之路"和"季风计划"战略，要避免出现针对中国的抵触情绪，切实处理好双方利益。总的来说，对于实现与各国发展战略的无缝对接，最重要的还是要加强与沿线国家的区域合作，促进政治互信，深化经济联系，这是未来"一带一路"倡议顺利实施的关键所在。

3. 加强优势互补，构建全新开放格局

未来，随着特朗普新政的推行，中国的对外开放可能会受到严重影响。一方面，美国等发达国家通过实施贸易保护政策，不断提高关税壁垒，阻碍商品流通，降低了出口外需对中国经济增长的拉动作用。另一方面，随着跨国公司实体产业的回流，中国与发达国家形成的分工模式被逐渐削弱，中国的比较优势将无法得到体现，生产要素空间错配问题将进一步加深。因此，在经济新常态下，"逆全球化"政策的推行将对未来中国经济发展造成深远影响，而"一带一路"倡议就成为突破经济发展障碍的关键途径。众所周知，"一带一路"沿线国家多数为发展中国家和新兴经济体，要素禀赋结构差异较大，工业化水平相对落后，例如丝绸之路经济带沿线的中亚五国，自然资源相对丰富，但技术和资本匮乏，大量资源无法被有效开发和利用。相比之下，当前中国在技术水平、资本供给和信息网络等方面实力显著增强，这种经济的互补性为创建新的分工体系打下了坚实的基础。因此，将先进的生产技术和人力资本转移到沿线国家，扶持沿线国家培育并完善科技生产体系，推动工业化进程。同时，将中国的产能优势、资金优势和技术优势转化成市场和合作优势，并与沿线国家共享中国改革发展红利，推动产业优化布局。通过构建全新的开放格局，增强外需市场对经济的拉动力，以应对未来"逆全球化"政策对中国经济发展造成的影响。中国"一带一路"倡议是一个长期的、艰巨的工程，它不仅给中国和沿线国家带来经济发展活力，同时也给世界经济复苏创造条件。

与日本的雁行分工模式不同，"一带一路"倡议致力于打造命运、责任和利益共同体的一种全新的国际分工模式，这需要与沿线国家开展更具深度的合作，在政治互信和经济合作的基础上实现互利共赢。

5.4 小 结

在经济全球化的浪潮下，东亚分工格局已发生了深刻变化，以日本为"雁首"的东亚分工体系全面解体，日本经济陷入长期萧条而难以自拔，亚洲"四小龙"也面临经济寒冬，经济发展萎靡不振。可以看出，日本与亚洲"四小龙"已无力组建新的分工体系，而中国无论是经济规模还是经济发展潜力，已具有成为引领东亚、中亚和西亚等地区经济发展新"雁行之首"的能力。因此，面对世界经济发展颓势，以及"逆全球化"政策可能造成的经济冲击，中国审时度势提出"一带一路"倡议。即通过互联互通方式与沿线国家建立新的分工关系，重塑国内外经济地理，共同应对全球贸易失衡。从分工角度来看，"一带一路"是一种新的国际分工格局的体现，一方面通过产业互补，产业转移的方式，将中国的优良产能转移到沿线国家或地区，为我国产业结构升级拓展外部空间。另一方面通过对外直接投资，帮助沿线国家基础设施建设，推动其工业化发展，实现与沿线国家的共赢发展。

第 *6* 章

产业层面：新东亚生产网络与山东产业结构升级
——以半岛制造业基地为例

我们在第 4 章通过构建理论模型分析了影响全球生产网络内企业价值链环节攀升的影响因素，并选择机电行业作为样本对其进行了数据分析，以此总结出了对加工贸易进行优化升级的行业效应。在本章，我们以山东省半岛制造业基地为例，分析利用外资实现加工贸易转型升级的地区效应。自 2003 年 7 月《关于加快胶东半岛制造业基地建设的意见》由山东省政府颁布以来，相关会议也相继展开，进一步表明山东省政府部门对半岛制造业的重视和期待，这为提升该行业在全省经济发展过程中的重要作用以及展示该行业的发展前景作出了重要注解。

6.1 山东半岛制造业基地的发展情况分析

6.1.1 山东半岛制造业基地的发展定位情况分析

1. 区域定位分析

山东省之所以将半岛制造业基地建设提升到战略高度是结合国内外形势综合考虑的结果。一方面，在国际层面，制造业出现了集中和转移两大趋势；而另一方面，我国作为制造业转移过程中的承接方发挥作用，而山东省由于其本身具备的地理位置优势以及产业优势，在承接国际层面的制造业转移方面尤其应该发挥带头作用。通过从地理区位布局方面来解读山东省的这一战略举措，不难看出，其选择以地理区域优势更为明显的青岛、烟台、威海三市作为战略实施的中心城市，并由此向其周边城市辐射，共同构成自由贸易区体系，以达成省内资源的优化配置和共享。同时，进一步将这种自由贸易区的理念进行推广，包括日本、韩国等周边国家在内的范围广泛的自由贸易区体系，进一步提升山东半岛制造业的重要地位。

除了自由贸易区体系的建设之外，山东省还引入了城市群的概念，进一步打造半岛制造业基地。该理念大体上可以概括总结为有层次、分重点地对城市群进行划分，其重点城市的选择理念可以进一步概括为"一主一副、一线一带"。其中，前者是指分别以青岛和济南两座城市作为主城市和副城市建立城市群，以期更好地围绕这两个城市的区位优势和产业优势发挥其在整个半岛制造业基地的建设过程中的带头作用；而后者，即"一线一带"则是指胶济铁路线和沿海城市带。胶济铁路作为半岛制造业基地的生命线而发挥重要作用，它有利于实现地区间资源的全方位整合，而包括青岛、烟台等城市在内的沿海城市带则突出了区位优势和产业优势在基地建设方面的重要作用，这一重要作用的发挥也必将带动基地建设的全面发展。

2. 产业定位分析

考虑到制造业本身所具有的涉及的产业链条较长，配套设施复杂多样，因而适合于朝着产业集群化的方向发展。山东省正是利用制造业本身的这一特点，通过引用产业集群化的理念打造山东半岛的制造业基地。这不仅有利于发挥各个城市的优势，而且有利于将该城市所具备的优势条件向周边集群内的城市进行辐射，进而扩大其影响力和推动效应。通过对山东半岛内已经初步成型的产业布局和配套的基础设施条件来看，山东半岛内的产业集群效应已经初步显现，并在某些行业中表现尤其明显，如家电行业、农副产品加工业等。

对于产业的集群化建设而言，离不开对城市群功能的清晰界定。比如山东省将其主要城市之一的青岛的城市功能定位为具有国际化背景的港口城市和以旅游业而著称的沿海城市，同时，它还是山东半岛制造业基地建设过程中的主中心城市，其产业发展迎合了国家最新推出的产业政策，将信息业的发展作为了其经济发展的首要方向，围绕信息化产业内的相关行业建设相应的产业集群，同时还注重发挥其沿海的区位优势，将物流业也作为推动其经济发展的引擎之一。与青岛类似，山东半岛内的其他城市也结合自身的地理位置优势和产业优势，纷纷确立了适合自身发展的经济发展策略，如烟台、威海等。

综上即为山东半岛制造业基地建设过程中所涉及的发展策略及城市分工情况的简要介绍。由此可以看出，各个城市担负了一定的职能分工，这种分工是在综合考虑自身所处地理位置以及产业发展条件的结果。以此为基础所建立起来的产业集群必将为促进半岛制造业的发展贡献力量。

6.1.2　山东半岛制造业基地外资引进情况分析

1. 引进的外资规模

由表 6 - 1 可以看出，进入 21 世纪以来，山东省的外资引用规模呈现出了日益扩张的倾向，尽管在金融危机的冲击下数额曾于 2009 年有小幅度下降，但是总体来说，在国内良好的经济态势下，外资引用的规模又于 2011 年开始上升。2015 年，山东省新批准设立外商投资企业 1509 家，同比增长 11.6%；合同外资 200.4 亿美元，增长 25.7%；实际到账外资 163 亿美元，增长 7.3%。"一带一路"沿线国家在山东省投资到账外资 16 亿美元，增长 16.1%。其中，来自韩国、日本、新加坡的到账外资增势强劲，均为两位数增长。

表 6 - 1　　　　　　　　山东半岛实际利用外资情况　　　　　　单位：亿美元

年份	济南	青岛	淄博	潍坊	日照	烟台	威海	东营	山东半岛	山东省	所占比重（%）
2000	1.29	13.08	0.88	1.28	0.41	4.43	2.4	0.36	24.13	29.71	0.81
2001	1.21	15.8	1.35	1.58	0.36	6.83	3.4	0.27	30.8	36.21	0.85
2002	3.63	25.06	2.03	2.59	0.56	12.05	6.01	0.81	52.74	58.64	0.9
2003	4.47	40.14	3.51	5.03	1.33	20.5	10.98	2.63	88.59	104.85	0.84
2004	3	38.17	3.62	5.47	0.58	18.57	11.24	2.02	82.67	98.2	0.84
2005	3.32	34.61	3.02	4.81	1.53	18.07	12.09	1.14	78.59	89.71	0.88
2006	4.03	36.63	3.7	5.62	1.36	20.89	13.05	1.39	86.67	99.99	0.87

年份	济南	青岛	淄博	潍坊	日照	烟台	威海	东营	山东半岛	山东省	所占比重（%）
2007	5.62	37.97	4.32	6.2	1.82	21.7	13.37	1.67	92.67	110.1	0.84
2008	8.64	26.06	3.12	4.85	5.13	10.58	5.26	1.8	65.44	82.03	0.8
2009	9.81	21.89	3.88	6.78	3.77	10.85	5.5	1.65	64.13	80.11	0.8
2010	10.4	28.01	4.48	7.21	3.49	11.53	5.55	2.1	72.77	91.68	0.79
2011	11	36.01	4.5	7.22	3.66	13.39	7.27	1.4	84.45	111.6	0.76
2012	12.2	46.0	5.0	7.68	4.21	14.1	8.0	1.62	98.81	123.53	0.80
2013	13.2	55.21	5.27	8.1	5.3	16.06	9.2	1.93	114.28	140.53	0.81
2014	14.3	60.81	5.44	8.98	5.73	17.69	10.12	2.15	125.27	151.95	0.82
2015	15.8	66.91	5.88	10.01	5.79	19.16	11.21	2.22	136.97	163.01	0.84

资料来源:《山东省统计年鉴》。

综合表中数据来看，山东半岛的外资引用规模大致占到了全省外资引用规模的八成左右。这使得山东半岛在吸引和利用外资方面占有绝对的支配地位。但是从半岛内部来看，其外资引用的情况又不尽相同，呈现出分布不均衡的特点。如青岛、烟台和威海三个城市的外资引用规模占整个半岛的五成以上，是外资的热门聚集城市。在坚持以上三个城市吸引外资主力的角色定位的同时，也要进一步强化其他城市的开放水平，以为其更好地吸引外资，进而提高整体的外资引用水平奠定基础。

2. FDI 的产业分布情况

如图 6-1 所示，在产业分布方面，第二产业是吸引外商进行直接投资的主要产业。考虑到转变生产方式、产业结构优化升级的需要，第三产业也在吸引外商直接投资方面初步崭露头角。如图 6-2 所示，尽管第二产业外资引用规模占三大产业外资引用规模的比重有所降低，但该比重依然超过六成，特别是制造业的外资引用水平尤其高，比重超过了九成，这充分表明了半岛内大力发展制造业的必要性和可能性。

随着国际层面制造业的地区间转移如火如荼，朝着纵深方向发展，我国在承接制造业转移方面应发挥重要的作用。而考虑到山东半岛自身所具有的区位优势和产业优势，更应抓住这一发展机遇，大力吸引和利用外部资金以完成自身的产业结构升级。

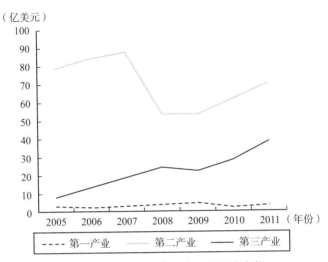

图6-1 山东省各产业实际利用外资数

资料来源：《山东省统计年鉴》。

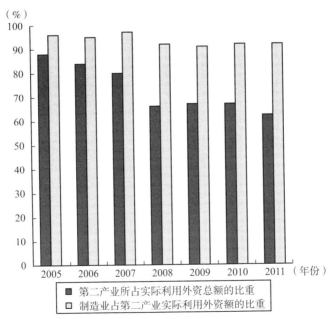

图6-2 第二产业吸引外资数占三大产业总数之比以及制造业占第二产业之比

资料来源：《山东省统计年鉴》。

6.1.3　半岛制造业在其基地建设过程中的不足

1. 技术水平低，创新动力缺乏

技术水平低一直以来都是制造业发展所普遍存在的问题，由此，对该行业进行水平优化和提升则成为其发展的主攻方向。从整个山东半岛来看，其制造业的主体仍然处于较为初级的加工制造业，在制造业中尚处于中下层次。这不利于其内部产业的创新动力的提升，同时，在产业竞争层面，山东省制造业的竞争力要明显低于其他沿海省份，如江苏、浙江等。缺乏具有竞争力的产业支撑，仅仅依靠廉价劳动力以及低成本难以形成山东省独特的制造业发展优势，本身低端，且创新动力不足，任凭这种局面发展下去，势必会阻碍半岛制造业的进一步发展。

2. 产业集群化程度不高

尽管产业集群化已经成为山东半岛对制造业基地进行构思和建设的总体思路，其所面临的突出问题却是半岛内部产业集群化程度亟待提高。与我国其他区域，如珠三角相比，山东半岛本身所具有的产业布局方面缺乏优势产业的支撑，同时也没有形成附加值和科技含量较高的产品，产业集群效应仅仅在少数产业出现，覆盖范围较小。而对制造业本身来讲，尤其注重规模效应，需要集群中的产业的支撑，而山东省产业集群化程度低直接阻碍了半岛内的制造业企业的发展。

此外，制造业产业链条较长的特点要求制造业在发展过程中有各种链条上的配套产业的支撑，而这种配套支撑在半岛内尚未实现。配套产业的缺失本身是产业集群化程度不高的表现，反过来又会对产业集群化程度的提高带来不利影响，进而形成了一种"恶性循环"。这些都构成制约山东半岛制造业发展的重要因素，使得其长期以来都只能处于制造业发展的较低级阶段。

3. 经济外向化水平不高

从全球整体的生产网络的角度来看，山东省制造业的参与度不高的问题尤为突出，这也可以在一定程度上理解为其经济外向化水平不高。一方面，吸引和利用外资的规模较小。更多的外部资金都流入到了珠三角、长三角，这些制造业尤其是加工贸易发展较好的地区。外资引用规模在一定程度上代表了一个地区的全球参与水平，而全球参与水平不高的现状使得山东省不得不将下一步发展的重中之重放在提升自身制造业发展水平，大力吸引和利用外资方面来。另一方面，出口产品的产品类型不尽合理。以青岛来看，2015 年其外贸出口总额突破了 400 亿美元，其中尤以加工贸易的出口态势最为迅猛，占到了其外贸出口总额的比重高达 44.45%；而高新技术产品的出口则与加工贸易形成极大的反差，仅占青岛该年度全部产品出口总值的 9.1%[①]。这种局面在一定程度上阻碍了青岛市出口产品的结构调整，不利于其形成具有国际经济的影响力的大企业。

4. 产业同构现象严重

产业同构化严重同样也是半岛制造业发展过程中所面临的主要问题之一。通过对半岛列为发展重点的产业进行研究后不难发现，这些产业在半岛的主要城市，如青岛、烟台和威海等均存在交互发展的现象。对此，我们引用产业结构相似度系数来对此种情况进行进一步说明。其式如下所示：

$$S_{ij} = \frac{\sum\limits_{k=1}^{n} x_{ik} x_{jk}}{\sqrt{\sum\limits_{k=1}^{n} x_{ik}^2 \sum\limits_{k=1}^{n} x_{jk}^2}}$$

其中，X_{ik} 和 X_{jk} 代表 k 部门分别在 i 和 j 两个地区产业结构中的占比；S_{ij} 则代表 i 和 j 两个地区的产业结构相似系数。S_{ij} 的数值处于 0 到 1 之间，该值越接近 1，则越为趋同，反之亦然。由于青岛、烟台和威海三个半岛主要城市被选取为样本城市来进行相似系数的计算，表 6-2 即为计算所得的产业趋同化程度的数值。

表 6-2　　　　　　2015 年青岛、烟台、威海产业机构相似系数

	青岛	烟台	威海
青岛	1	0.8	0.72
烟台	0.83	1	0.85
威海	0.75	0.84	1

资料来源：各市统计年鉴，经计算整理所得。

---

① 资料来源：《青岛市统计年鉴（2012）》。

产业结构出现趋同化发展对制造业的发展具有诸多弊端。一方面，产业趋同化本身所造成的重复化建设是区域内资源的一种浪费，不利于区域内资源的整合及优化配置；另一方面，重复建设易于引发企业间的恶性竞争，从城市间来看，它不利于形成城市的特色化产业，影响了城市的功能定位和专业分工，进而不利于半岛内制造业的整体发展。因此，要鼓励城市实现特色发展，明确城市的功能定位，以最大限度地解决产业结构趋同的问题。

5. 现代服务业发展落后

随着第三产业的崛起，某地区现代服务业的发展水平成了衡量该地区经济发展程度的重要标准。而从山东半岛的发展现状来看，其服务业的发展水平仍然停留在较低阶段。以 2011 年为例，山东半岛制造业基地城市的总产值中，服务业产值仅为四成，且与江浙等地的城市差距明显。2015年，服务业到账外资 60.7 亿美元，项目、合同外资、实际到账外资均呈现两位数增长。现代服务业实际到账外资增长 20%，占比达到 57.7%，同比提升 4 个百分点。其中金融服务业、科研技术业、信息软件业拉动作用明显，到账外资增幅分别为 48%、43.6% 和 5.3 倍。这使得发展现代服务业，形成制造业与服务业相互促进、相互支撑局面成为山东省之后发展工作的重要内容。[①]

6.2 外资的溢出效应对加工贸易产业优化促进作用的实证研究

6.2.1 模型的建立

1. 模型建立的思路

首先，文章选取外资溢出作为研究的切入点对半岛制造业基地产业优化情况进行研究，此处运用与大多数学者相同的思想，即基于扩展的 Cobb – Douglas 生产函数：

① 资料来源：《山东省统计年鉴》。

$$Y_{it} = A_{it}f(K_{it}, L_{it}) = A_{it}K_{it}^{\alpha}L_{it}^{\beta} \qquad (6-1)$$

其中，A_{it} 为技术系数。同时，文章借助于 Feder 模型，将制造业部门资金划分为内资和外资，即：

$$Y = Y_d + Y_f \qquad (6-2)$$

$$Y_d = f(L_d, K_d, K_f) \qquad (6-3)$$

$$Y_f = f(L_f, K_f) \qquad (6-4)$$

式中，Y 为总产出，Y_d、Y_f 则分别为内、外资部门的产出。（6-1）（6-3）联立得：

$$Y_{itd} = A_{it}f(L_d, K_d, K_f) = A_{it}K_{itd}^{\alpha}L_{itd}^{\beta}K_{itf} \qquad (6-5)$$

对（6-5）式取对数，有：

$$\ln Y_{itd} = \alpha_0 + \alpha\ln K_{itd} + \beta\ln L_{itd} + \gamma\ln K_{itf} + \varepsilon \qquad (6-6)$$

其中，Y_{itd} 表示 i 行业在 t 时间的内资企业的总产出，K_{itd} 表示内资企业的资本存量，L_{itd} 表示 i 行业在 t 时间的内资企业的劳动力数量，K_{itf} 表示 i 行业在 t 时间的外资企业的资本存量。α、β、γ 分别为 K_{itd}、L_{itd}、K_{itf} 的产出弹性，ε 表示回归方程的误差项。将（6-6）式简化可得简易模型如下：

$$\ln Y_d = \alpha_0 + \alpha\ln K_d + \beta\ln L_d + \gamma\ln K_f + \varepsilon \qquad (6-7)$$

在影响产业升级的因素中，内资对自主研发的重要作用也不容忽视。随着国家政策方面日益向产业转型方面倾斜，制造业在转型过程中要不断投入自主研发的力度，鼓励技术创新已成为共识。这就使得我国企业的研发投入力度普遍增强。由此可见，内资的重要作用也应受到重视，于是，（6-7）式可进一步处理为：

$$\ln Y_d = \alpha_0 + \alpha\ln K_d + \beta\ln L_d + \gamma\ln K_f + \delta\ln RD + \varepsilon \qquad (6-8)$$

其中，RD 代表内资研发。

已有的研究结果表明，外资既存在溢出效应，也存在挤出效应。因此，在（6-8）式的基础上我们引入 K_f 和 RD 的交互项来考察外资对内资研发是否存在挤出效应。由此可得：

$$\ln Y_d = \alpha_0 + \alpha\ln K_d + \beta\ln L_d + \gamma\ln K_f$$
$$+ \delta\ln RD + \zeta\ln K_f \cdot \ln RD + \varepsilon \qquad (6-9)$$

加入交互项后，γ 就表示外资的正的溢出效应，相应地，ζ 则表示挤出效应。

2. 数据来源

出于研究对象的考虑，本书所选取的样本数据来自半岛制造业基地中所包括的八个城市的制造业数据①，并以此作为数据分析的基础。计算过程中所引用的数据主要通过《山东省统计年鉴》获得。在分地区的数据中，各地区制造业的数据不易得，由于制造业几乎占据了工业的大部分，因此我们选择各地区工业的数据作为替代。在时间维度上，我们选取 2002年到 2015 年共 14 年的数据。

3. 变量描述

现将本书构建模型所涉及的变量进行以下描述（见表 6 – 3）。

表 6 – 3　　　　　　　　　　　　变量描述

	变量名称	变量解释	衡量方法
被解释变量	Y_d	内资企业产出	内资企业的工业总产值
解释变量	K_d	内资企业的资本存量	规模以上工业企业的固定资产净值年平均余额减去"三资"企业的固定资产净值年平均余额
	L_d	内资企业的劳动力数量	规模以上工业企业从业人员年平均数减去"三资"企业的从业人员年平均数
	K_f	外资企业的资本存量	各地区"三资"企业的总资产
	RD	内资研发水平	各地区 R&D 内部支出
	$\ln K_f \times \ln RD$	交互项，表挤出效应	外资总资产与 R&D 内部支出取对数后的乘积

资料来源：历年《山东省统计年鉴》。

6.2.2　实证分析

1. 模型估计结果与分析

为了确定计量分析时面板数据模型的具体形式，我们先利用样本数据进行 F 检验。主要包括：

---

① 此八市为：济南、青岛、烟台、威海、潍坊、淄博、东营、日照。

H₁：$a_i = a$ 模型中不同个体的截距相同

H₂：模型中不同个体的截距项 a_i 不同

F 统计量定义为：

$$F = \frac{(SSE_r - SSE_u)/[(NT-k-1)-(NT-N-k)]}{SSE_u/(NT-N-k)} = \frac{(SSE_r - SSE_u)/(N-1)}{SSE_u/(NT-N-k)}$$

其中，SSE_r、SSE_u 分别代表混合估计模型和个体固定效应模型的残差平方和。经假设检验得，$F = 2.37 > F_{0.05}(35, 40) = 1.93$，由此可见，本书所接受的面板数据模型为不变截距模型。同时，根据 Hausman 检验的结果来看，本书建立个体固定效应的面板数据模型。

计量结果由表 6 - 4 给出。

表 6 - 4　　　　　　　　　　模型（6 - 9）计量结果

变量	I	II	III
$\ln K_f$	1.082 *** (4.679)	0.353 (1.557)	0.315 (1.041)
$\ln L_d$	37.095 *** (2.436)	66.835 *** (4.958)	56.829 *** (3.761)
$\ln K_d$	3.026 *** (10.602)	2.093 (8.544)	2.808 *** (12.76)
$\ln RD$		23.44 *** (5.872)	
$\ln K_f \times RD$			7.48E − 07 *** (3.581)
C	− 14121546 *** (− 2.722)	− 22141412 *** (− 4.953)	− 18517107 *** (− 3.742)
地区固定效应	Yes	Yes	Yes
年份固定效应	No	No	No
R^2	0.95	0.97	0.97
观测值	80	80	80

注：①*** 表示在 1% 的水平上显著；②括号内为 t 检验值；③R^2 为调整后的拟合优度。

分析结果后可知，在没有内资研发项时，即在计量结果 I 中，外资的溢出系数在 1% 的水平上显著，这说明外资的溢出效应较为明显，且对半岛制造业的产业优化具有一定的促进作用。而加入内资研发项之后，即在结果 II 中，结果发生了变化，外资溢出系数变得不显著。这在一定程度上表明，与内资研发相比外资溢出对制造业的影响更为明显。同时，单就对制造业产业升级的贡献来看，外资溢出仍然没有内资企业自身的固定资产投入和劳动力投入贡献大，因为内资企业固定资产和劳动力的产出系数明显要高于外资企业。大体看来，外资存在溢出效应。此时，半岛制造业基地依靠吸引优质外资来促进制造业产业升级的思路是可行的。但是内资研发对产业升级的促进作用相比外资更为明显，由此可见，增强研发资金的投入力度，注重实现自主创新，通过技术的提升来推动产业升级能够起到比单纯依靠外资力量更好的效果。

由结果 III 可得，外资存量和内资研发的交互项的系数显著，表明外资确实存在对于内资的挤出效应，这在一定程度上验证了出现于制造业之中的"低端锁定"现象，而该现象的产生可能是由于外资的进入引发了针对市场份额更为激烈的争夺，这种争夺，不仅让外资占有了一定的原本属于内资企业的市场份额，同时伴随外资而来的往往是更为先进的技术，其对内资企业的影响也就更为明显了。然而同过观察交互项的系数可以得到，外资所具有的这种挤出效应非常小。

2. 影响因素分析

在明确了外资确实存在对内资的挤出效应之后，文章进一步对外资的溢出效应的影响因素进行分析。为此，本书选取了从四个角度来分析外资技术溢出的影响因素：第一是外向型程度。如果某一地区的制造业产品主要用于出口，那么对这种产品的质量或者技术的要求就会很高，因此当当地的内资企业本身没有足够的能力达到这些要求时，投入该产品的外资企业就不得不进行相关的技术培训、产品把关等，这就在某种程度上促进了外资溢出的产生。第二是对外开放程度。经济开放度高的地区，外资就更容易进入，其挤出效应也更为明显。第三是市场竞争水平。如果东道国相关产品的市场竞争较为激烈，那么外资企业为保证自身的利益和市场份额不受威胁，很可能会进行先进技术的转移，从而促进了技术溢出的产生。第四是市场经营环境。良好的经营环境对于外资生产、研发等都有着一定的促进作用，从而促使外资的技术溢出更好地发挥。

基于以上四方面影响因素，我们引入了交互项，并建立新的模型如下：

$$\ln Y_d = \alpha_0 + \alpha \ln K_d + \beta \ln L_d + \gamma \ln K_f + \delta \ln RD + \eta \ln K_f Out$$
$$+ \theta \ln K_f Open + \mu \ln K_f Comp + \upsilon \ln K_f Env + \varepsilon \qquad (6-10)$$

其中，Out 代表外向型程度，用制造业的出口交货值与工业销售产值的比值来衡量；Open 表示对外开放程度，用"三资"企业的固定资产与规模以上工业企业固定资产的比来衡量；Comp 表示市场竞争度，用利润总额与主营业务收入的比来衡量，该比值相当于利润率，而较高的利润率可以用来表示较低的市场竞争度；Env 表示市场经营环境，这里用制造业亏损企业数除以企业总数。因为企业的亏损比例与该地区的经济是否景气高度相关。较低程度的亏损比例代表较好的企业生产经营环境。

为避免影响因素之间的相互干扰，我们首先将各交互项逐一加入到回归方程，结果分别显示在组Ⅰ、Ⅱ、Ⅲ、Ⅳ中。从表6－5可以看出，外资溢出效应显著，这与前文结论相吻合。各个影响因素对溢出效应所发挥的作用中，对外开放程度因素作用最为明显。就外向型程度这一影响因素来说，其系数为正，则外向度越高，反之亦然；而市场竞争度因素系数为正，则竞争越平缓，进而使得外资企业在争取更多的市场份额的过程中，产生溢出效应。上、下游企业竞争度的加剧，会造成外资企业原材料成本、产品推广等费用的增加，从而降低了其市场竞争力，因此，就不得不从提高产品技术水平和质量上下功夫，从来导致了溢出效应的产生；市场环境前的系数为负，说明地区经营环境越好，也就是亏损企业比例越低，外资的溢出效应越大。这表明，一个良好的经营环境能够有效地促进外商投资企业的生产、经营与研发等活动的进行，从而通过学习、示范等效应，提高内资企业的技术、管理水平，进而促进制造业产业结构的优化升级。

表6－5　　　　　　　　　　模型（6－10）计量结果

变量	Ⅰ	Ⅱ	Ⅲ	Ⅳ	Ⅴ
$\ln K_f$	0.489 * (1.548)	0.407 * (1.757)	2.226 *** (3.43)	0.662 * (1.912)	2.689 *** (3.786)
$\ln L_d$	68.829 *** (4.002)	69.712 *** (5.083)	67.166 ** (5.279)	66.308 *** (4.93)	73.413 *** (4.562)

续表

变量	I	II	III	IV	V
lnK_d	2.005 *** (7.343)	2.028 *** (8.052)	1.756 *** (6.856)	2.064 ** (8.402)	1.501 *** (5.131)
lnRD	24.423 *** (5.355)	24.701 *** (5.955)	23.104 ** (6.13)	22.584 *** (5.581)	26.44 *** (5.972)
$lnK_f × Out$	1.17 (0.674)				1.996 (1.149)
$lnK_f × Comp$		−2.464 (−1.098)			−5.089 ** (−2.023)
$lnK_f × Open$			−5.242 *** (−3.057)		−4.394 ** (−2.145)
$lnK_f × Env$				−4.017 (−1.178)	−5.824 (−1.239)
C	−22621631 *** (−3.758)	−22388533 *** (−5.009)	−22316320 *** (−5.289)	−21074907 *** (−4.633)	−21144089 *** (−3.622)
地区固定效应	Yes	Yes	Yes	Yes	Yes
年份固定效应	No	No	No	No	No
R^2	0.97	0.97	0.97	0.97	0.97

注：①*、**、***表示在10%、5%、1%的水平上显著；②括号内为 t 检验值；③R^2 为调整后的拟合优度。

从计量结果 V 中可以看出，在诸多影响因素中，只有市场竞争度的显著性发生了改变，由此可以得出之前的计量结果的可信度和稳定性。

6.3　全球生产网络下利用 FDI 促进加工贸易升级的实证研究

6.3.1　模型的建立

1. 模型建立的思路

在以上的实证研究过程中，本书将内外资进行了划分，并选取外资溢出为研究切入点，对全球生产网络对产业优化的促进作用进行了分析和检验。这主要是针对由跨国公司在东道国所设立的子公司对东道国本身所拥有的内资企业的溢出效应问题。在接下来的研究中，本书将研究的重点放在外商直接投资对制造业所带来的影响和冲击上来。

为了配合该部分的研究，本书选取了技术效率的增长用以衡量产业优化情况。通过引入 Romer 的品种增长思想，同时借鉴 Fernandes 和 Paunov 所使用的计量模型，构建了如下模型：

$$P_{it} = c_0 + c_1 FDI_{it} + c_2 K_{it} + c_3 SC_{it} + c_4 SALA_{it} + \varepsilon \qquad (6-11)$$

该模型描述了山东半岛制造业基地在参与构建全球生产网络的过程中，引用外资程度对其制造业的生产效率提升的影响。其中，P_{it} 代表技术效率，FDI_{it}、K_{it} 分别代表 i 地区 t 时间的外商直接投资和资本密度；SC_{it} 代表企业规模，规模越大的企业越倾向于产生规模效应；$SALA_{it}$ 代表工资水平。

2. 数据来源

为了保持研究的一致性，这里的数据选取方式以及数据来源与上文模型中保持一致。

3. 变量描述

对模型中所涉及的变量进行描述（如表6-6所示）。

表6-6　　　　　　　　　　　变量描述

变量分类	变量名称	变量解释	计算方法
被解释变量	P	技术效率增长指数	Malmquist 生产率增长指数分解
解释变量	FDI	外商直接投资	各地区实际利用外商直接投资额/该地区工业总产值（其中 FDI 值按照人民币对美元的平均汇价换算成人民币后使用）
	K	资本密集度	各地区工业固定资本存量/从业人员数
	SC	企业规模	各地区工业总产值/地区企业总数
	SALA	工资水平	各地区工业企业的管理费用/从业人员数

资料来源：历年《山东省统计年鉴》。

6.3.2 实证分析

文中所涉及的相关分析部分主要通过 DEAP Version 软件来完成,其中涉及的 Malmquist 生产率指数是根据地区所属的工业部门所公布的资本和劳动力投入情况以及工业生产总值来计算并进一步将其分解为技术效率指数,其数据所选取的时间跨度定为 2006～2015 年,地域为山东半岛制造业基地所涉及的城市。具体而言,本书在得到分解完成之后的技术效率指数时选用了导向的不变规模报酬 CRS 的 DEA 方法。

半岛制造业基地各市的 Malmquist 生产率指数如表 6-7 所示。

表6-7　　　山东半岛制造业基地各城市 2006～2015 年的技术效率指数

城市	2006 年	2007 年	2008 年	2009 年	2010 年	2011 年	2012 年	2013 年	2014 年	2015 年
济南	0.701	0.754	0.891	0.925	0.951	0.998	1.000	0.987	0.949	0.774
青岛	1.000	1.000	1.000	1.000	0.998	1.000	1.000	1.000	1.000	1.000
烟台	0.790	0.904	0.998	1.000	1.000	1.000	1.000	1.000	1.000	0.977
威海	1.000	1.000	1.000	1.000	1.000	1.000	1.000	1.000	1.000	0.990
潍坊	0.598	0.596	0.668	0.711	0.717	0.711	0.784	0.762	0.809	0.844
淄博	0.641	0.709	0.781	0.804	0.786	0.850	0.876	0.828	1.000	1.000
东营	1.000	1.000	1.000	1.000	1.000	1.000	1.000	1.000	1.000	1.000
日照	1.000	1.000	1.000	1.000	1.000	1.000	1.000	1.000	1.000	1.000

表6-8中所列出的五组结果是将自变量分别加入到方程中进行回归计算所得出。从该结果来看,在结果 I 中,由于外资是唯一的变量,其对技术效率的提升具有一定的促进作用。这说明半岛制造业对外资的吸收和利用,有利于提升其技术效率,进而有利于制造业的产业优化和升级;在结果 II 中,即除了外资变量之外,又引入了资本密集度变量时,后者对于技术效率的影响要超过了前者。而这在制造业的发展实践中也得到了验证;在结果 III 中,除了外资之外,又引入了企业规模变量,与之相比,外资对于技术效率的影响更为明显。这在一定程度上表明,规模经济并不直接作用于技术效率的提升;在结果 IV 中,工人的工资水平对技术效率的提

升作用明显，这在一定程度上验证了效率工资的可行性和科学性。

表 6 – 8 模型（6 – 11）计量结果

变量	Ⅰ	Ⅱ	Ⅲ	Ⅳ	Ⅴ
FDI	1.022 *** (2.662)	0.675 (1.594)	0.772 * (1.841)	0.456 (1.023)	1.531 *** (2.736)
K		0.002 * (1.825)			0.011 * (2.207)
SC			1.18E – 06 (1.431)		3.95E – 06 (0.63)
SALA				0.016 ** (2.311)	0.02 ** (1.761)
C	0.95 *** (82.061)	0.909 *** (36.142)	0.921 *** (39.33)	0.898 *** (36.055)	0.787 *** (23.625)
地区固定效应	Yes	Yes	Yes	Yes	Yes
年份固定效应	No	No	No	No	No
R^2	0.74	0.73	0.73	0.75	0.75
观测值	80	80	80	80	80

注：①*、**、*** 表示在 10%、5%、1% 的水平上显著；②括号内为 t 检验值；③R^2 为调整后的拟合优度。

在结果Ⅴ中，我们将全部变量均加入到回归方程中进行计算，由此可以得到，外商直接投资有利于提升技术效率，同样地，资本密集程度和工人的工资水平也具有同样的功效。由此可见，融入全球生产网络的程度越深，对其制造业产业结构的优化升级所产生的带动作用也就越大。

本章选取了山东半岛的制造业基地作为样本，对其融入全球生产网络与制造业优化之间的关系进行了实证检验。研究结果表明，融入全球生产网络对制造业结构的优化升级具有促进作用。此外，内资研发、资本密集度等企业内部因素对于优化产业结构同样具有显著的积极作用，在大力吸引外资，利用外资进行区域经济建设的同时，进一步提升内部资金的使用效率，以更好地促进制造业产业结构的优化和升级。

第 7 章

企业层面：新东亚生产网络和
山东代工企业升级

我们在第4章通过构建理论模型分析了影响全球生产网络内企业价值链环节攀升的影响因素，并以机电行业为例进行了面板数据的实证分析，得到了加工贸易产业升级的行业效应。在本章，我们以山东代工企业为例，从理论机制和实证研究两个方面分析全球生产网络和我国代工企业升级。

7.1 东亚生产网络中山东省代工企业的现状

7.1.1 山东省代工企业的发展成果

1. 山东省代工企业形成与发展

在国际产业调整与转移的过程中，中国凭借丰富的自然资源、廉价的劳动力和其他要素价格的优势承接国际产业的转移，从而参与到国际分工中来，在这个过程中中国形成了一大批代工企业，有力地促进了中国经济的快速增长。从中国代工企业形成的过程来看，山东省代工企业大概形成于20世纪90年代，这一时期也是中国代工企业迅速发展的时期。这主要是因为党的十四大提出要扩大对外开放的程度，将中国开放的城市从沿海部分城市扩展到沿江港口城市、内陆省会城市以及内陆边境城市，从而扩大了中国对外开放的空间格局，有力地推动了社会主义市场经济的发展。山东省利用其有利的地理位置和丰富的劳动力等资源，大量吸引日本、韩国、中国香港和中国台湾等国家或地区的外商直接投资，形成了服装制造业、交通运输设备制造业以及电子通信设备制造业等产业的代工企业，至此山东省代工企业逐渐参与到东亚生产网络中去。

自 21 世纪中国加入 WTO 后，由于各项开放的贸易和投资政策的陆续实施以及市场开放范围和投资方式的扩大等原因，日本、韩国、中国香港和中国台湾等国家和地区不仅加快了对中国的产业转移速度还扩大了转移规模。在这一形势下，山东省代工企业整体数量不断增加，生产规模不断扩大，但代工企业间的竞争越来越激烈，订单数和利润率有所下降。

2. 山东省代工企业在对外贸易中发挥着重要作用

自从我国引入代工生产模式以来，一大批的代工企业迅速发展起来，其在我国对外经济贸易中发挥的作用越来越大，也在我国出口创汇中发挥着主力军的作用。在山东省也是如此，1995 年在山东省代工企业最为活跃的加工贸易领域其出口仅为 34.8 亿美元，但到了 2013 年这一数据已经上升到 525.9 亿美元，增长了 14 倍。如图 7 - 1 所示，从 1995 年开始，山东省 OEM 占主体部分的加工贸易类的出口占所有货物出口总额的 40% 以上，所以山东省代工企业对山东省的出口发挥着重要的作用。

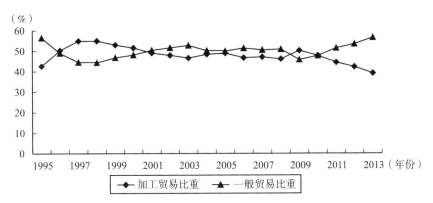

图 7 - 1　1995 ~ 2013 山东省加工贸易和一般贸易出口分别占总出口的比重

资料来源：历年《山东省统计年鉴》。

另外，由于山东省近年来不断促进代工企业的转型升级，着力推动了加工贸易从初级加工转变为深加工，从贴牌生产转变为自有品牌，从生产制造为主转变为研发、生产和销售相结合，从出口为主转变为内外销并重，如今已取得了不错的成效。从出口贸易方式来看，近几年加工贸易出口所占比重正逐渐下降，而一般贸易出口所占比重正逐渐增长。由图7-1可知，加工贸易出口所占的比重从2001年的49.1%下降到2013年的39.1%，一般贸易出口所占的比重从2001年的50.4%增长到2013年的56.5%；且从2009年开始，一般贸易出口所占比重呈现上升的趋势。从出口商品结构来看，随着山东省推进加工贸易转型升级政策措施的落实，其加工贸易正逐渐从劳动密集型行业向资本技术密集型行业转变，加工贸易产业链不断延伸，技术和生产水平也得到了提升。如图7-2所示，加工贸易中机电产品和高新技术产品的出口总额占全省加工贸易出口总额的比重增长比较明显，其比重从2001年的25.3%增长到2013年的50.7%。目前，山东省已基本形成了以机械、电气设备、电视机及音响设备等主导产业链，加工贸易也正慢慢向新兴制造业以及现代服务业等方向扩展。综上所述，山东省代工企业的升级对山东省对外贸易结构的改善具有重要的推动作用。

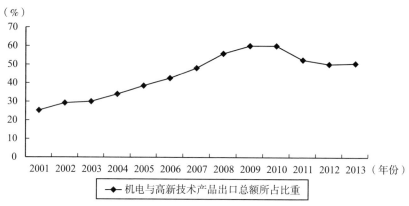

图 7-2 2001~2013 年山东省机电产品与高新技术产品

出口总额占加工贸易出口总额的比重

资料来源：历年《山东省统计年鉴》。

7.1.2 山东省代工企业存在的问题

1. 代工企业低环嵌入

随着生产技术的成熟和生产成本的提升，发达国家的主导企业逐渐将利润较少的加工制造环节转移到发展中国家，而将技术创新、产品设计以及品牌营销等利润较高的环节留在本国，从而获取最高的利润。通过承接国际产业转移，山东省代工企业已经嵌入东亚生产网络中，但是从现实的整体情况来看，嵌入的环节主要集中在技术要求和利润都比较低的生产制造环节。从电子制造企业方面来说，因为研发、设计和软件等附加值高的环节被欧美和日本等发达国家企业控制，所以这些企业能获取附加值的60%左右，韩国、中国台湾的一些企业由于能够生产一些电子核心零部件，它们大概能获取 20% 的附加值，而中国的代工企业受技术水平的限制，对电子产品只能做一些加工制造，获得的附加值最少，大约是10%①。从以上情况我们可以看出，发达国家的主导企业通过对研发设计和品牌营销等价值链核心环节的控制，锁定我国的代工企业，构建起以发达国家为主导的领导型全球价值链。所以，在东亚生产网络中山东省代工企业更多参与的是生产加工环节，很少参与到研发设计环节，在价值链中获取的利润也不多，处在价值链微笑曲线的底部位置。

2. 成本上升以及利润率不高

依靠廉价劳动力和其他要素价格带来的成本优势，山东省以代工的模式融入东亚生产网络分工体系中，从在很大程度上推动了山东省的经济增长和技术进步。但是，近年来随着国内外宏观经济出现的一系列不利因素，如劳动力等资源价格的上涨、人民币的升值以及国际经济整体的不景气等，这些都加剧了代工企业成本的上升，给那些依靠成本和价格优势获取订单量的中小企业带来了很大的压力。再加上进入生产制造领域的门槛比较低，导致发展中国家的代工企业不断涌入，从而出现了大量的新竞争对手，而且有些发展中国家在地理位置和要素价格方面比中国更有优势。这些都给山东省代工企业带来了很大的生存压力，如图 7 - 3 所示，在山东省代工企业比较活跃的计算机、通信和其他电子设备制造业等行业，其成本费用利润率明显低于山东省所有行业的整体平均水平，而差距最大的时候达到了 4 个百分点。所以，从图中我们可以看出山东省代工企业在发展中承受了较高成本和较低利润的压力。

---

① 引用于王海兵. 全球价值链下中国代工企业的转型升级［D］. 山东：山东大学，2012.

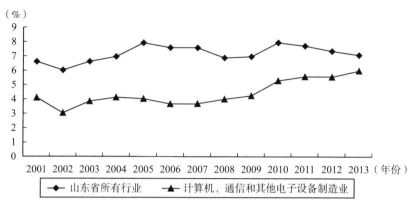

图 7 – 3　2001 ~ 2013 年山东省规模以上工业企业成本费用利润率

资料来源：历年《山东省统计年鉴》。

3. 技术水平低并缺乏创新能力

山东省代工企业目前只能在中低端市场获取少量的代工利润，其中一个很重要的原因在于山东省代工企业技术水平不足并缺乏创新能力。关于技术创新的衡量指标，王海兵（2012）提出，可以用发明专利的强度表示技术创新的能力，而发明专利的强度又可以用国内发明专利的申请数量与GDP 的比值来衡量，从而反映一国专利发明的整体发展情况，其研究结果显示在东亚，日本、韩国的发明专利强度要强于中国，中国发明专利的强度偏低。而从图 7 – 4 我们可以看出山东省的发明专利强度水平比全国的平均水平还要低，也就是说，和日韩相比山东省专利发明的整体发展情况并不乐观。因此，在东亚生产网络中，山东省代工企业目前的技术水平和

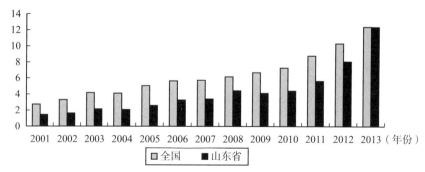

图 7 – 4　2001 ~ 2013 年全国和山东每十亿 GDP 的国内发明专利的申请项数

资料来源：《中国统计年鉴》和《山东省统计年鉴》。

研发创新能力都有些不足。代工企业技术水平低下，创新能力不足，导致企业只能面向中低端消费市场，很难跻身高端产品供应商的行列，利润空间十分狭窄。处于价值链低端的山东省代工企业必须转变发展战略进行企业升级，才能突破价值链低端的锁定，获取更高收益。

4. 缺乏知名品牌和规模企业

在以市场为导向的经济模式下，品牌营销环节和研发设计环节越来越成为价值链的高利润环节。而山东省代工企业却不符合这一趋势，长期以来，山东省代工企业都是以丰富的廉价劳动力资源和明显的生产成本优势在东亚分工中占据一席之地，虽然生产能力得到较大的提升，但一直缺乏品牌意识，并忽略了研发设计能力的培养。突出表现为山东省代工企业拥有自主品牌的数量不多，多数企业都是给国外代工客户做贴牌加工，从而获取微薄的利润。山东省不仅缺少世界知名的代工品牌，而且在国内市场上价值含量高的品牌也不多，而在东亚生产网络中，山东省代工企业目前也只能赚取少量的加工费用，大量高额的利润还是被拥有知名品牌的先进企业所获取。与此同时，虽然山东省代工企业数量比较多，但缺少规模企业，因而难以从整体上带动本土行业品牌和技术能力的跨越提升，从而制约了本土代工企业的发展。

7.2　东亚生产网络中代工企业升级的作用机理

7.2.1　知识转移模型

企业升级实际上是指企业本来的知识技术水平不高以及生产的产品或提供的服务附加价值也比较低，后来通过升级逐渐朝着高知识技术水平以及高附加价值的状态转变。卡普林斯基和莫里斯（2001）把企业的升级看成是企业不断提高其知识技术水平以及创新能力的过程，也就是说影响企业技术创新的因素会对企业升级产生很大的影响[1]。而福市斯和维尔德

---

[1]　Kaplinsky, Morris. M. A Handbook for Value Chain Research [R]. Prepared for the IDRC, 2001.

（Forbes & Wield，2001）则更具体地指出代工企业要想提高技术创新能力在很大程度上取决于国外先进企业的知识转移①。格里菲（2005）也认为企业对外部知识的获取是企业升级的一个重要动力。所以，代工企业要想顺利升级，其自身的知识技术水平必须要有质的提升。而代工企业由于自身的知识技术水平有限，必须要吸收外部先进的知识，获取外部的知识转移，再进行创造性的整合，从而使自身知识技术水平有质的提升。因此，代工企业升级的过程实际上也是知识转移的过程，是代工企业在代工过程中获取代工客户产品知识的过程②。

关于知识转移的模型，基尔伯特和戈尔代—海耶斯（Gilbert & Gordey - Hayes，1996）研究认为组织内部由于缺少某种知识，从而产生了知识的落差，为了解决知识落差问题，就需要将外部先进的知识吸收进来。并就知识的整个转移过程提出五步骤模型即知识的取得、沟通、应用、接受以及同化③。苏兰斯基（Szulanski，2000）的研究则认为知识的转移过程大概分为三个阶段即开始、实施和提升，开始阶段是指企业积极寻找有价值的知识，并决定是否对知识进行吸收；实施阶段即通过人员交流、技术培训等方式积极吸收知识源向外溢出的知识；在提升阶段，知识接受者把吸收来的知识应用到实际当中，加强对知识的实际有效运用，从而彻底掌握吸收的知识④。

在综合前人研究的基础上，我们认为东亚生产网络中代工客户的知识溢出与代工企业强烈的学习动机共同促进了知识转移，如图 7 - 5 所示。代工客户是知识的转移方。代工客户作为国外先进企业其全球战略布局就是将代工企业放在利润不高的生产制造环节，其自身通过吸收获取代工企业各种优势资源，从而攫取高额利润，提高竞争力，维护其在市场上的领先地位。在这个代工合作过程中，代工客户不管是有意还是无意都会向代工客户溢出知识技术，但这种知识技术通常只是依附于代工产品或相关服务中，很多价值含量并不是很多。代工企业是知识的接收方。代工企业作为知识技术比较落后的一方，出于自身发展的需要，在代工的过程中，通

① Forbes，Wield. From Followers to Leaders Managing Technology and Innovation in Newly Industrializing Countries [M]. Rout ledge，2001.

② Gereffi，G. International Trade and Industrial Upgrading in the Apparel Commodity Chain [J]. Journal of International Economics，2005（48）：37 - 70.

③ Gilbert & Gordey - Hayes. Understanding the Process of Knowledge transfer to Achieve Successful Technological Innovation [J]. Technology Innovation，1996（16）：301 - 302.

④ Szulanski，G. The Process of Knowledge Transfer：A Diachronic Analysis of Stickiness [J]. Organizational Behavior and Human Decision Processes，2000，82（1）：9 - 27.

过吸收代工客户转移过来的知识，提高其知识技术水平，增加利润，保持市场竞争力。因此，知识转移是在代工企业与代工客户的相互需要中产生。

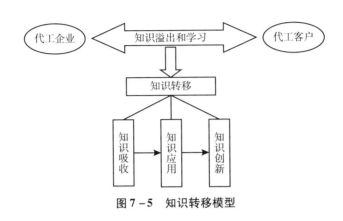

图 7 – 5　知识转移模型

从图 7 – 5 中我们可以看出，本章将知识转移分成了三个部分即知识吸收、知识应用和知识创新。其中，知识吸收指代工企业从外部主要是代工客户那里吸收适用性的产品知识。在这个阶段，代工企业凭借着低成本的优势广泛参与国际代工，通过代工客户提供的产品技术图纸、操作说明书以及相关的人员培训吸收知识，从而提高劳动生产率，朝着规模化发展。此时代工企业主要是通过技术模仿、产品模仿来积累学习能力和知识水平。知识应用是知识实际运用的阶段，在这一阶段代工企业将吸收来的知识在企业内部实现同化，就是说代工企业将吸收来的知识进行消化变成自己的知识，能将消化的知识灵活应用到其他产品中，从而逐渐形成自己的产品创新以及研发设计能力，然后在与代工客户的合作中提高合作层次，比如参与新产品的研发设计以及进行合作创新等，这一阶段代工企业要完成从 OEM 到 ODM 的升级。而知识创新是指代工企业将吸收来的知识在实际应用的基础上进行整合，从而实现创新，促进代工企业整体技术水平的提升。这一阶段代工企业要从原来的生产环节延伸到研发和营销等价值含量高的阶段即 OBM 阶段。因此，知识创新通常是代工企业希望通过知识转移实现的目标，其层次也最高。在整个知识转移过程中，代工企业要想顺利跨越这三个阶段必须要根据不同阶段的特点加强学习创新，从而实现升级。

7.2.2 代工企业转型升级的路径

1. 基于价值链的知识溢出效应

从价值链生产体系的角度来看，处在价值链高端的一般是代工客户即发包商，这些企业大多数都是拥有先进的知识技术或者是良好的品牌和销售渠道；而提供 OEM 专业服务的代工企业一般位于价值链的低端；位于价值链中间的则是其他各级供应商。这就是不同技术知识和经营管理水平的企业所形成的垂直分工网络。在网络中处在价值链高端的企业因其掌握核心技术知识和销售渠道往往会收取高额的经济租金。因此，处于价值链低端的代工企业有通过吸收先进技术并进行技术再创新从而向价值链高端延伸的强烈动机，而价值链间的知识溢出效应则为代工企业实现这种价值链的延伸提供了重要机遇，从而促进代工企业的转型升级。具体来说，价值链上的知识溢出效应为代工企业实现价值链延伸创造以下几种机会：一是基于技术源示范效应的机会，即代工企业会通过技术示范效应和管理示范效应获得代工客户在核心技术以及营销管理方面的知识溢出；二是基于价值链信息有效管理的机会，即价值链通过对上、中、下游企业的群体信息进行有效管理，从而为代工企业不断更新先进技术以及提升存货管理能力提供了信息来源；三是基于价值链间知识交融的机会，即不同的产业价值链间会存在知识和技术的交流与融合，这为代工企业获取知识提供了机会。

2. 通过 FDI 产生技术溢出效应

改革开放以来，我国凭借廉价的劳动力以及其他要素价格的优势，积极吸收 FDI，鼓励加工贸易，从而能够快速地参与到东亚生产网络当中。这不仅给我国制造业带来了大量的资金，也带来了 FDI 产生的技术溢出效应。这可以从以下两个方面分析出：第一，FDI 给其流入的行业直接带来先进的知识技术和管理经验，而且随着外商在我国的 R&D 投资的增加，会促使外商与本土企业进行技术交流、信息交换以及战略联盟，从而产生技术溢出效应，为代工企业吸收先进技术提供了机遇。第二，FDI 的流入会促使企业加强对员工技术水平的培训。一方面，在技术要求比较高的某些制造业中，外商会提高对员工知识水平的要求，对熟练劳动力的需求也会增加。另一方面，FDI 所产生的技术溢出效应会促进本土企业生产技术水平的提高，本土企业技术水平的上升也会提到对熟练劳动力的需求。综上所述，FDI 流入会促使企业加强对员工的培训，以提高员工的知识和管理水平，再加上员工可能在不同企业间流动，这些都会促进代工企业知识技术水平的提升，从而推动代工企业的升级。

3. 通过供应商间的密切联系产生知识溢出效应

我国代工企业既然参与到东亚生产网络中成为其中的一部分，就必然与生产网络中上下游供销商形成密切的供求关系，如我国代工企业为国外先进企业提供原材料的加工、半成品或者零部件等，从而使得我国代工企业在与国外供销商密切联系的过程中，通过知识、技术和管理等要素的流动，积极学习和模仿国外先进企业的知识技术以及管理经验，从而提高企业的技术水平和产品质量。国外先进企业在与我国代工企业联系中主要是通过以下几种方式产生知识溢出效应：第一，为了维持合作帮助我国代工企业改善生产设备。第二，为了提高合作效率在员工培训以及提高管理水平和组织能力等方面提供帮助。第三，通过提供相关技术信息提高我国代工企业的产品质量从而满足其技术标准。这些活动促进了我国代工企业从国外先进企业的产品或市场营销中通过"边干边学"获取知识，有利于提升我国代工企业的知识技术水平，从而推动代工企业的升级。

4. 通过工序分工产生规模经济效应

东亚生产网络的分工实际上就是生产工序分工，我国代工企业可以根据其产品生产某一工序上的优势参与到这个分工体系中，从而在这一特定的生产工序上比较顺利地实现内部规模经济。另外，生产工序分工也会形成细分工序的产业集聚情况，国外先进企业在中国进行的"供应链整体投资"就是这种产业集聚情况的真实反映，这种情况在珠三角和长三角地区的电子设备制造业中表现得尤为明显。集聚性投资在给国外先进企业降低生产成本的同时，在一定程度上还会产生知识溢出效应甚至会促进其他一些产业的发展，从而促使外部规模经济效应的增大，这些都会带动代工企业的升级。

7.3 代工企业升级的影响因素分析

在总结以前学者对代工企业升级影响因素的研究基础上，再加上前文的分析，本文认为代工产品的知识属性、代工企业的特征、代工客户的特征以及代工企业和代工客户关系这四个方面是影响代工企业吸收代工客户产品知识从而影响代工企业转型升级的主要因素。

7.3.1 代工产品方面

1. 产品知识的复杂性

在合作的过程中，知识的复杂性是影响代工企业获取代工客户产品知识的重要因素。如果要转移的知识很复杂，将对知识的转移起很大的阻碍作用。比如生产网络中的产品知识是由多种相关联的知识技术构成，很难通过文字、图形、程序或者言传身教等形式向外面表达，代工企业要理解的话需要花费很大的精力以及其他资源的支撑，那么这个产品知识相对来说就比较复杂，其在生产网络中的转移或扩散就比较缓慢，代工企业想快速地通过研究相关产品方面的书面文件来获取产品知识就比较困难。因此，本书认为代工企业在吸收客户产品知识的时候，产品知识越复杂就越难以被有效复制，代工企业就越不易于获取代工客户的产品知识，从而给代工企业升级造成障碍。

2. 知识的可灵活应用性

知识的可灵活应用性是指代工企业从代工客户那里学到的知识可以比较灵活地被应用到另一个产品项目中。在一定程度上来说，被吸收过来的外来知识能否被有效应用影响着代工企业获取产品知识的程度，如果代工企业能将外部主要是代工客户那里吸收的产品知识灵活地应用到其他产品中，则对代工企业的知识技术水平以及产品研发具有很大的促进作用。这其实也考验着代工企业对吸收过来的知识的整合运用能力。然而这种整合运用能力的建立是需要代工企业对以往的知识进行不断的总结和灵活的应用，这样才能够不断地改进产品甚至是创造新的产品。所以，我们认为知识的可灵活应用性越强，代工企业就越易于获取代工客户的产品知识，反之，知识的可灵活应用性比较弱，则不利于代工企业获取代工客户的产品知识，从而给代工企业升级造成障碍。

3. 双方的知识差距

在代工的过程中，合作双方的知识差距是影响代工企业取得或学习产品知识的一个重要因素。克劳斯（Klaus，2005）的研究表明，知识差距的大小将影响合作双方之间的知识转移效率①。如果代工企业和代工客户之间知识水平差距很小，容易导致可转移的知识不多，而代工企业因难以吸收到自身所需要的知识，很难得到进一步的发展；如果企业与客户之间知识差距太大，则会造成知识难以在企业间顺利地流动，代工企业也不能有效地吸收和运用转移的知识。以上两个方面导致代工企业难以吸收代工客户转移过来的知识，从而抑制了代工企业的升级。因此，我们认为代工企业与代工客户的知识技术差距越大，代工企业越不易于获取代工客户的产品知识，从而给代工企业升级造成障碍。

7.3.2 代工企业方面

1. 学习倾向

学习倾向是指代工企业在代工的过程中学习的愿望，即希望从代工客户那里学到有用的知识和技术，但是这种学习不是它自己发生的而是经过代工企业有意识的设计发生的。陶锋（2006）提出，为了摆脱利润不高、竞争力不强的困境，代工企业会产生向客户学习先进技术和管理的动力，这种动力可能使代工企业不断投入资金或资源向客户学习产品知识，增强产品研发的力度以及加强对员工的技术培训②。所以学习倾向的大小将影响到代工企业是否愿意投入一定程度的人力和物力从代工客户那里学习知识技术。因此，我们认为代工企业的学习倾向越强，代工企业获取代工客户产品知识的可能性就越大，这将有利于代工企业的升级。

---

① Klaus，W. Innovation and knowledge spillover with geographical and technological distance in and agent：based simulation model［R］. Discussion Paper，University of Bielefeld，2005.
② 陶锋. 全球价值链上的产品开发知识溢出与 OEM 企业持续成长［D］. 广州：暨南大学，2006.

2. 企业规模

代工企业升级不是一朝一夕就可以完成，而是需要企业进行长期持久的投入。与小型代工企业相比，大型代工企业更能够保障升级学习过程中所需要的大量人力和物力等多方面的投入，而且研究和开发也有规模经济效益，而一般来说规模大的企业和规模小的企业相比，其规模经济效益要更高。所以，我们认为代工企业规模越大，对学习的投入就会越大也更持久，其投入所获得的效果也会更好，使得代工企业获取客户产品知识的可能性更大，从而促进代工企业的升级。

3. 研发设计的能力

能否有效地吸收运用客户的产品开发知识与 OEM 企业自身的研发设计能力有很大的关系。和专业的 OEM 企业相比，能参与产品研发设计（ODM）的代工企业知识技术水平要更高，对客户的产品知识也有更强的理解力和吸收运用能力，从而使代工企业更容易将客户的产品知识为我所用，增强自身的产品知识研发能力。因此，我们认为代工企业参与研发设计的能力越强，吸收和运用代工客户产品知识的可能性就越大，从而促进代工企业升级。

4. 融入东亚生产网络中的程度

融入东亚生产网络中的程度是指代工企业在代工过程中与东亚生产网络中各个层级的供应商以及分销商之间形成的供求关系的密切程度，本书拟采用代工企业订单来源于东亚生产网络中的百分比来表示。融入东亚生产网络中的程度越深，代工企业就越有机会接触和吸收生产网络中溢出的知识。因此，我们认为代工企业融入东亚生产网络中的程度越深，越有利于吸收代工客户的产品知识，从而促进代工企业升级。

7.3.3 代工客户方面

1. 对知识溢出的保护程度

在代工过程中，为了维护和促进代工关系的发展，吸引代工企业长久持续的合作，代工客户会自觉或非自觉地向代工企业转移一定的非核心知识技术。但是，产品开发知识是一种重要的无形资产，是企业维持自身在行业内领先地位的重要保证，因此，在代工的过程中，代工客户为了保护自身利益，会设置相应的保护措施防止核心知识技术的外泄，特别是当发现知识外泄会让自己处于不利的位置时，就更会增加对这种知识的保护，从而抑制代工企业通过这种渠道提升其知识技术水平。因此，我们认为代工客户对知识溢出的保护程度越高，就会提出更多的条件或要求来阻碍代工企业吸收知识，代工企业也就难以根据自身的需要吸收代工客户的产品知识，从而给代工企业升级造成障碍。

2. 代工企业的威胁性

随着代工企业知识技术水平和实力的不断提升，代工企业出于自身发展的需要，可能销售和代工客户相似的产品，这必然会与代工客户发生竞争冲突，并威胁到代工客户的市场和利润。所以代工客户出于对自身利益的保护，会对向代工企业转移的知识进行封锁。正如方壮新（2011）的研究所示，虽然在代工过程中双方的合作会促进代工企业知识技术水平的提升，但是当代工企业的知识技术水平和实力增长到一定程度时，就很有可能对国外代工客户产生威胁，而代工客户很有可能不再扩大与代工企业合作的广度与深度，这势必会减少代工企业从客户那里获取知识[①]。因此，我们认为代工企业的威胁性越高，代工企业就越不易于获取代工客户的产品知识，从而给代工企业升级造成障碍。

3. 文化差异

关于文化差异对知识转移的影响，科斯托瓦（Kostova，1999）提出应该从双方所处的制度环境角度，来分析文化差异对于知识转移的影响[②]。而制度环境一般可分为法律法规、认知和规范三种不同的层次，合作双方在这三个层次上的差异越大，那么，双方完成知识转移的困难程度就会越大。除了在制度环境的差异，合作双方在企业文化、企业制度以及经营管理等方面的差异也会影响到双方的知识转移和学习。另外，代工企业和所在社会的文化差异可能会使双方在某些解释观点上产生误解，从而给知识转移或企业间学习带来障碍。因此，我们认为代工客户在制度环境、社会

---

① 方壮新. 我国代工企业获取和积累产品开发知识研究 [D]. 武汉：武汉理工大学，2011.

② Kostova, T. Transnational transfer of strategic organizational practices：A contextual perspective [J]. Academy of Management Review，1999，24（2）：308 – 324.

文化以及企业管理等问题上与代工企业差异越大,则代工企业越不容易的学习代工客户的产品知识,反之,合作双方文化差异越小,沟通障碍就越小,代工企业也越容易获取代工客户的产品知识,从而促进代工企业升级。

7.3.4 代工企业与代工客户关系方面

1. 互动频率

陶峰(2006)认为合作双方的互动频率是影响代工企业在代工过程中吸收代工客户产品知识的重要因素。合作双方的互动主要是指知识转移方和接收方通过技术、人才等媒介进行沟通交流,比如代工客户加强对代工企业的技术指导与培训,为代工企业技术人员提供交流与学习的机会以及双方共同研究设计新产品等。企业间的互动为合作双方提供了相互接触和了解的机会,互动频率越高,越能使双方认识自身的优势和不足,促进双方的合作,从而有利于代工企业从客户的产品知识溢出中学习到知识和技术,使代工企业通过这种学习来提升自身的技术水平。因此,我们认为代工企业与代工客户之间的互动频率越高,代工企业越易于获取客户的产品知识,从而促进代工企业升级。

2. 合作期限

合作期限的长久在一定程度上反映了双方的合作关系是否融洽。代工合作期限越长,反映双方的合作关系越密切,基于长期合作的特定资产投入就会越大,从而给双方带来更高的转换成本或转换风险,所以合作双方都会尽可能地维护代工关系的长久发展。因此,本书认为代工的合作期限越长久,代工企业与代工客户就越有可能建立长久有效的合作机制,代工企业也越易于从合作中获取客户的产品知识,从而促进代工企业升级。

3. 信任程度

波多尔尼和佩奇(Podolny & Page,1998)提出信任是能够促进企业间密切合作并保持良好关系的重要因素,如果合作双方的信任程度越高,则越容易进行知识和技术的交换①。这是因为在知识转移和学习的过程中，合作双方的信任程度越高，双方的摩擦冲突就会越少，代工客户在知识技术溢出等方面的防备心理也会降低。与此同时，信任是一种重要的社会资本，信任的不断积累将会为代工企业增加新的合作机会，形成新的订单来源。因此，我们认为代工企业与代工客户在过去合作中所积累的相互信任程度，是代工企业能否从代工中吸收产品知识的重要因素，而且合作双方的信任程度越高，代工企业就越有可能从代工客户那里获取产品知识，以实现自身技术水平的提升，从而促进代工企业升级。

7.4　东亚生产网络中山东省代工企业升级的实证分析

7.4.1　实证研究框架设定

在综合前述研究的基础上，我们选取产品知识获取的程度作为代工企业升级的输出项，并提出如图 7 - 6 所示的实证研究框架。该框架主要是研究代工产品的知识属性、代工企业的特征、代工客户的特征以及代工企业和代工客户关系四个方面对代工企业获取产品知识的影响程度。

在图 7 - 6 研究框架中，代工产品的知识属性的度量指标是产品知识的复杂性、知识的可灵活应用性以及双方的知识差距，代工企业的特点的度量指标是学习倾向、企业规模、研发设计的能力以及融入东亚生产网络中的程度，代工客户的度量指标是对知识溢出的保护程度、代工企业的威胁性和文化差异，合作双方的关系的度量指标是信任程度、合作期限以及互动频率，产品知识获取的程度的度量指标是劳动生产率的提高程度、产品质量的改善程度以及产品的开发设计能力。

根据以上实证研究框架以及前文研究，我们提出以下研究假设：

H1：产品知识属性对产品知识获取的程度产生显著影响。

H2：代工企业的特征对产品知识获取的程度产生显著影响。

---

① Podolny, J. M. & Page, K. L. Network Forms of Organization [J]. Annual Review of Sociology, 1998 (24): 57 - 76.

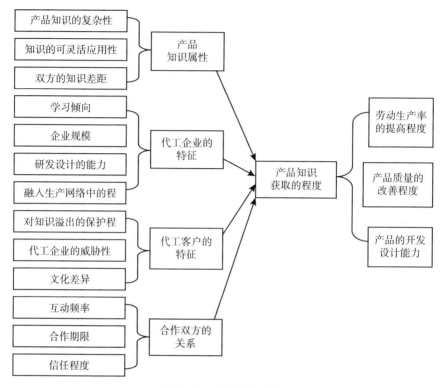

图 7 - 6 实证研究框架

H3：代工客户的特征对产品知识获取的程度产生显著影响。

H4：合作双方的关系对产品知识获取的程度产生显著影响。

7.4.2 数据收集与整理

1. 调查问卷设计

在以前学者研究成果和经验的基础上，再结合前文的实证研究框架制定了相应的调查问卷。为了让本调查问卷更加完整具有逻辑性，也为了让受访者易于理解，在调查问卷最终发放前先进行了测试，并根据受访者建议进行了修改最后形成了定稿。本章的调查问卷采取 Likert 五点量表方式来进行问题的设计，即将研究变量的度量指标划分为五个层次，再根据层次的不同进行评分，比如：1 = 非常不满意、2 = 比较不满意、3 = 一般、

4 = 比较满意、5 = 非常满意，通过分别统计各项度量指标的总体评分情况，从而对各项指标在问卷受访者中的相应评价度进行评判。

2. 问卷的发放与回收

在调查问卷发放方面，我们采用抽样调查法选择 150 家山东省代工企业作为调查单位，运用数理统计的原理，以样本数据推断总体数量特征。由企业将相关的调查问项填写好后，对调查问卷进行回收，调查问卷回收数量为 137 份，有效问卷数量为 113 份，无效问卷主要是因为企业回答问题不全所致，继而再对调查问卷进行分析。

7.4.3 数据的描述性统计

1. 变量设定

为了更方便地表达各变量指标，我们对各变量指标做出如下设定。

（1）代工产品的知识属性，包括：

ZSFZ 表示产品知识的复杂性，调查问卷设计了一个问项对这个变量进行衡量，即代工客户的产品知识和技术经过彻底研究相关书面文件后，就可能完全掌握。针对这个问题，我们依据李克特 5 点尺度进行评分，但因为问题的设计与变量的测量程度相反，所以得分应该反过来即 1 = 非常同意、5 = 非常不同意。

ZSYY 表示知识的可灵活应用性，调查问卷设计了一个问项对这个变量进行衡量，即代工企业从某一代工客户处学习到的知识可以很容易应用到另一代工项目中。针对这个问题，我们依据李克特 5 点尺度进行评分即 1 = 非常不同意、5 = 非常同意。

ZSCJ 表示双方的知识差距，调查问卷设计了一个问项对这个变量进行衡量，即代工客户的产品知识或技术比我们先进很多。针对这个问题，我们依据李克特 5 点尺度进行评分即 1 = 非常不同意、5 = 非常同意。

（2）代工企业的特征，包括：

XXQX 表示学习倾向，调查问卷设计了两个问项对这个变量进行衡量，即代工企业希望通过各种机会来学习代工客户的产品知识和技术；为了学会代工客户的产品知识和技术，代工企业已投入许多人力与物力。针对这两个问题，我们依据李克特 5 点尺度进行评分即 1 = 非常不同意、5 = 非常同意，最后得分结果应为这两项的简单算术平均值。

QYGM 表示企业规模，调查问卷设计了一个问项对这个变量进行衡量，即贵公司的代工规模和同行业其他代工厂商的规模相比是（　　）。针对这个问题，我们依据李克特 5 点尺度进行评分即 1 = 小型、2 = 中小型、3 = 中型、4 = 大中型、5 = 大型。

YFSJ 表示参与研发设计的能力，调查问卷设计了一个问项对这个变量进行衡量，即代工企业除了为该客户代工制造之外，还积极与客户合作，研发设计新产品。针对这个问题，我们依据李克特 5 点尺度进行评分即 1 = 非常不同意、5 = 非常同意。

RRCD 表示融入生产网络中的程度，调查问卷设计了一个问项对这个变量进行衡量，即代工企业代工的订单来源于东亚（日本、韩国、新加坡、中国香港及中国台湾）的比例是多少。针对这个问题，我们决定用 5 分制即 1 = 0 ~ 20%、5 = 80% ~ 100%，对这一项进行评分。

（3）代工客户的特征，包括：

ZSBH 表示对知识溢出的保护程度，调查问卷设计了一个问项对这个变量进行衡量，即代工客户会故意设置一些规定或条件，来限制我们获取他们的产品知识和技术。针对这个问题，我们依据李克特 5 点尺度进行评分即 1 = 非常不同意、5 = 非常同意。

QYWX 表示代工企业的威胁性，调查问卷设计了一个问项对这个变量进行衡量，即代工企业经常以自有品牌销售与该代工客户类似的代工产品。针对这个问题，我们依据李克特 5 点尺度进行评分即 1 = 非常不同意、5 = 非常同意。

WHCY 表示文化差异，调查问卷设计了一个问项对这个变量进行衡量，即代工企业与代工客户在文化方面的差异，给双方在合作的过程中造成了很多的麻烦。针对这个问题，我们依据李克特 5 点尺度进行评分即 1 = 非常不同意、5 = 非常同意。

（4）合作双方的关系，包括：

HDPL 表示互动频率，调查问卷设计了两个问项对这个变量进行衡量，即代工客户经常来公司进行技术指导或培训；双方技术人员会经常互相参观访问交流。针对这两个问题，我们依据李克特 5 点尺度进行评分即 1 = 非常不同意、5 = 非常同意，最后得分结果应为这两项的简单算术平均值。

HZQX 表示合作期限，调查问卷设计了一个问项对这个变量进行衡量，即代工企业为主要客户代工制造的年限是多少。针对这个问题，我们决定用5分制即每2年表示1分（1 = 0～2年、5 = 8年以上）对这一项进行评分。

XRCD 表示信任程度，调查问卷设计了一个问项对这个变量进行衡量，即在合作和交易过程中，双方能够相互信任，遵守合同规定。针对这个问题，我们依据李克特5点尺度进行评分即1 = 非常不同意、5 = 非常同意。

（5）产品知识获取的程度，包括：

LDSC 表示劳动生产率的提高程度，调查问卷设计了一个问项对这个变量进行衡量，即通过代工的合作与交流，代工企业提高劳动生产率并引致生产成本降低的程度是多少。针对这个问题，我们依据李克特5点尺度进行评分即1 = 非常少、5 = 非常多。

CPZL 表示产品质量的改善程度，调查问卷设计了一个问项对这个变量进行衡量，即通过代工的合作与交流，代工企业的产品质量改善程度是多少。针对这个问题，我们依据李克特5点尺度进行评分即1 = 非常少、5 = 非常多。

KFSJ 表示产品的开发设计能力，调查问卷设计了一个问项对这个变量进行衡量，即通过代工的合作与交流，代工企业的产品开发设计能力的提高程度是多少。针对这个问题，我们依据李克特5点尺度进行评分即1 = 非常少、5 = 非常多。

2. 描述性统计分析

在实证检验前我们先对代工产品的知识属性、代工企业的特征、代工客户的特征、代工企业和代工客户关系以及产品知识获取的程度等相关指标数据进行描述性统计。

（1）代工产品的知识属性。

从表7－1中我们可以看出 ZSFZ（知识复杂性）和 ZSCJ（知识差距）的平均值分别为 3.11 和 3.38，这表明代工企业的知识技术水平并不高；ZSYY（知识的可灵活应用性）的平均值为 2.31，也反映出代工企业对代工客户产品知识的灵活运用能力不足。这些都将会限制代工企业获取代工客户的产品知识，不利于代工企业的转型升级。

表7-1　　　　　代工产品知识属性度量指标的平均值和标准差

度量指标	平均值 Mean	标准差 S. D.
ZSFZ	3. 11	1. 77
ZSYY	2. 31	1. 68
ZSCJ	3. 38	1. 56

（2）代工企业的特征。

从表7-2中我们可以看出 XXQX（学习倾向）的平均值为3.44，这说明代工企业在学习的愿望方面还是比较强的，而且也为此付出了一定的人力和物力来学习客户的产品知识，这对企业升级还是有益的。QYGM（企业规模）的平均值为2.52，表明代工企业还是以中等规模为主，大企业并不多，对企业升级并不是很有利。YFSJ（研发设计能力）的平均值为2.56，这个数值并不高，客观上也反映了目前山东省代工企业的技术水平有限，研发设计能力不足。RRCD（融入生产网络中）的程度的平均值为3.42，高于中间值3，说明大多数企业融入东亚生产网络的程度较深，能够接触到生产网络中溢出的知识。

表7-2　　　　　代工企业的特征度量指标的平均值和标准差

度量指标	平均值 Mean	标准差 S. D.
XXQX	3. 44	1. 48
QYGM	2. 52	1. 67
YFSJ	2. 56	1. 58
RRCD	3. 42	1. 72

（3）代工客户的特征。

从表7-3我们可以看出 ZSBH（对知识溢出）的保护程度的平均值为2.56，低于中间值3，这说明代工客户对产品知识的溢出比较开放，不会特别故意地设置一些条件和要求来阻碍代工企业获取产品知识，这将有利于代工企业通过吸收先进知识进行升级。QYWX（代工企业的威胁性）的平均值为1.85，这表明销售和代工客户相似产品的代工企业的数量不多，在一定程度上也反映了目前山东省代工企业对代工客户的威胁并不大。WHCY（文化差异）的平均值为2.33，低于中间值3，说明代工客户在企业文化和制度管理等方面的差异对代工企业影响不是很大或者说代工企业比较好地克服了这方面的困难，在与代工客户的合作交流中比较顺畅，这对代工企业吸收产品知识进行升级是有益的。

表 7 - 3 代工客户的特征度量指标的平均值和标准差

度量指标	平均值 Mean	标准差 S. D.
ZSBH	2. 56	1. 82
QYWX	1. 85	1. 72
WHCY	2. 33	1. 81

（4）合作双方的关系。

从表 7 - 4 我们可以看出 HDPL（互动频率）的平均值为 3. 35，说明了代工企业和代工客户之间的互动频率比较高，双方在人才、技术等方面的交流比较频繁，这将有利于代工企获取代工客户的产品知识，从而促进代工企业的升级。HZQX（合作期限）的平均值为 3. 73，高于中间值 3，说明双方的合作时间总体来说比较长，而较长的代工合作期限将有助于培养企业间的良好信誉。XRCD（信任程度）的平均值为 4. 09，明显大于中间值 3，这反映出合作双方在代工的过程中都比较信任对方，都比较重视长期合作关系的培养，双方之间的这种信任程度将有利于知识的转移和吸收。

表 7 - 4 合作双方的关系度量指标的平均值和标准差

度量指标	平均值 Mean	标准差 S. D.
HDPL	3. 35	1. 11
HZQX	3. 73	1. 14
XRCD	4. 09	1. 16

（5）产品知识获取的程度。

从表 7 - 5 我们可以看出 LDSC（劳动生产率）的提高程度、CPZL（产品质量）的改善程度和 KFSJ（产品的开发设计能力）的平均值分别为 3. 27、3. 24 和 3. 01，都高于中间值 3，这说明代工企业在代工的过程中利用东亚生产网络中的知识溢出并通过自己的学习和努力吸收了不少产品知识，其劳动生产率、产品质量以及产品的开发设计能力都得到了一定程度的提高，但我们应该看到产品的开发设计能力这一核心指标值相对较低，这也说明了代工企业有很多的不足。

表7－5　　　　产品知识获取的程度度量指标的平均值和标准差

度量指标	平均值 Mean	标准差 S. D.
LDSC	3.27	1.38
CPZL	3.24	1.15
KFSJ	3.01	1.44

3. 信度分析

信度分析主要是检验各测量变量一致性以及稳定性的程度。具体来说，一致性主要是检验各测量变量之间相符合的程度。稳定性是指用一张相同的问卷对同一批受访者在不同的时间段进行重复的调查，其结果相符合的程度。如果调查问卷制作的比较合理，其重复调查的答案相符度应该会很高。由于我们采用的调查问卷并没有对同一批受访者进行多次的重复调查，所以我们拟用一致性来测量各变量的信度并用 Cronbach's Alpha 系数进行估计，Alpha 值越高，内部的一致性就越好，问卷的信度也就越高。一般来说，Cronbach's Alpha 系数大于 0.7 就是拥有比较高的信度，而可以接受的最低信度水平也要达到 0.5。

本章运用 SPSS19.0 统计软件来分析内部一致性，先对所有的度量指标进行总体的信度分析再逐个对各个变量的度量指标进行分析，从而得出 Cronbach's Alpha 值，如表7－6所示。

表7－6　　　　　　　　各变量的信度分析

变量	度量指标个数	Cronbach's Alpha
总量表	16	0.791
代工产品的知识属性	3	0.816
代工企业的特征	4	0.783
代工客户的特征	3	0.823
合作双方的关系	3	0.779
产品知识获取的程度	3	0.761

从表 7 - 6 我们可以看出代工产品的知识属性、代工企业的特征、代工客户的特征、合作双方的关系以及产品知识获取的程度五个分量表的 Cronbach's Alpha 值都大于 0.7，不仅如此，总量表的 Alpha 值也有 0.791 大于 0.7，所以本书采用的调查问卷信度比较好，我们可以进行下一步的分析。

7.4.4　实证检验过程及结果分析

1. 模型的设定

由于结构方程模型不但能处理各因素的测量关系而且能分析各因素之间的结构关系，所以我们在结合前文实证研究框架的基础上，决定采用结构方程模型进行实证分析，如图 7 - 7 所示。从可测性的角度来看，结构方程模型分析的变量主要有两种分别是潜在变量和观测变量，观测变量是

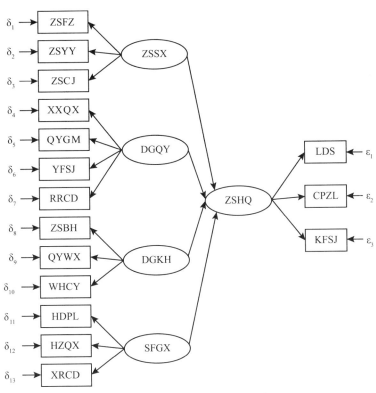

图 7 - 7　初始的结构方程模型

指那些能被直接测量的变量，而潜在变量则是指那些不能被直接测量的变量，它需要通过观测变量间接进行测量，在图7-7中椭圆形代表的是潜在变量，而矩形则代表观测变量，单项箭头代表的是因果关系，并且会有一个相应的系数来反映这种关系的程度。该模型中潜在变量包括以下几种。

（1）ZSSX 代表产品知识属性，其观测变量有：ZSFZ，ZSYY，ZSCJ；

（2）DGQY 代表代工企业的特征，其观测变量有：XXQX，QYGM，YFSJ，RRCD；

（3）DGKH 代表代工客户的特征，其观测变量有：ZSBH，QYWX，WHCY；

（4）SFGX 代表合作双方的关系，其观测变量有：HDPL，HZQX，XRCD；

（5）ZSHQ 代表产品知识获取的程度，其观测变量有：LDSC，CPZL，KFSJ。

图中 δ、ε 表示测量误差，$\delta_1 \sim \delta_{13}$ 表示外生变量各观测变量的测量误差，$\varepsilon_1 \sim \varepsilon_3$ 因变量各观测变量的测量误差。

2. 模型的估计与检验

本章采用 AMOS 统计软件对结构方程模型作参数估计和效果检验。在绘制好如图7-7所示的因果关系路径图以后，我们通过 AMOS17.0 统计软件运用最大似然估计对上述结构方程模型中的各个参数进行估计，其结果如图7-8所示。由于 AMOS17.0 软件不仅可以运算出结构方程模型中观测变量对潜在变量的载荷系数，还能运算出外生潜在变量对内生潜在变量的因果路径系数。因此，我们可以根据这些变量之间的标准化系数来分析各变量之间的相互关系以及影响程度。这将有利于我们分析出影响代工企业吸收代工客户产品知识的因素，从而提出相应的对策建议促进代工企业的升级。

在对模型估计系数进行正式分析之前，我们先看一下结构方程模型对数据的拟合程度。如表7-7所示，表中都是一些常用的拟合指数结果。从表中我们可以看出绝对拟合指标方面卡方检验 $\chi^2/df = 3.12 < 5$、拟合优度指数 GFI = 0.968 > 0.9 以及近似均方根误差 RMSEA = 0.032 < 0.05，这些指数都达到了其标准要求值，这说明了样本数据与模型的拟合程度比较好。在相对拟合指标方面相对拟合指数 CFI = 0.921 > 0.9、标准适配度指数 NFI = 0.936 > 0.9，这在一定程度上也说明了我们采用的结构方程模型有着较好的拟合程度。

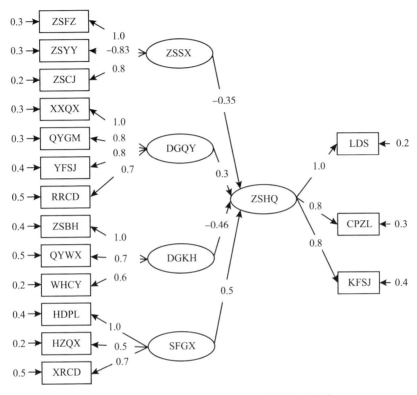

图 7-8　结构方程模型（由 AMOS 软件整理得出）

表 7-7　　　　　　　　　　常用拟合指数结果

指数名称		指标值	评价标准
绝对拟合指标	卡方检验 χ^2/df	3.12	小于 5
	拟合优度指数 GFI	0.968	大于 0.9
	近似均方根误差 RMSEA	0.032	小于 0.05
相对拟合指标	相对拟合指数 CFI	0.921	大于 0.9
	标准适配度指数 NFI	0.936	大于 0.9

3. 结果分析

从结果来看，该结构方程模型整体的拟合程度较好，所以我们之前设计的研究假设可以用各潜在变量之间以及潜在变量与观测变量之间的路径估计系数来验证。在这个基础上，我们通过对研究假设的检验得出了如表7-8所示的结果。

表7-8 研究假设的验证结果

研究假设	系数估计	T值	验证结果
H1：产品知识属性对产品开发知识获取的程度产生显著影响	-0.35 ***	7.82	成立
H2：代工企业的特征对产品知识获取的程度产生显著影响	0.33 ***	8.71	成立
H3：代工客户的特征对产品知识获取的程度产生显著影响	-0.46 ***	5.74	成立
H4：合作双方的关系对产品知识获取的程度产生显著影响	0.55 ***	7.02	成立

注：*** 表示在0.01的水平上显著。

从表7-8中我们能够分析出本文的假设验证情况如下：

（1）研究假设一成立即产品的知识属性对产品知识获取的程度产生显著影响。由于路径的系数值为-0.35，所以产品的知识属性对产品知识获取程度的影响主要是负向的。

由于产品知识复杂性（ZSFZ）的系数为正，说明产品知识越复杂代工企业越不易于从客户那里通过学习获取相应的产品知识技术，这会给整个知识转移过程带来障碍，进而影响企业进行技术创新，最终也会阻碍代工企业的升级。另外，代工企业需要对转移过来的知识进行吸收整合，再灵活应用到其他产品上去，这就考验到知识的可灵活应用性，由于知识的可灵活应用性（ZSYY）系数为负，所以知识的可灵活应用性越强则代工企业获取产品知识的程度就越深，从而促进代工企业的升级。还有就是双方的知识差距（ZSCJ）系数为正，这说明双方的知识差距与对产品知识的获取程度是负相关的即双方的知识差距越大，代工企业就越难以获取代工客户的产品知识。

（2）研究假设二成立即代工企业的特征对产品知识获取的程度产生显著影响。由于路径的系数值为0.33，所以代工企业的特征对产品知识获取程度的影响主要是正向的。

学习倾向（XXQX）系数为正，说明代工企业的学习倾向越强越易于获取代工客户的产品知识。这是因为如果代工企业具有向代工客户学习的强烈愿望，那么代工企业就会创造一切有利的条件学习客户的产品知识，尽可能地克服在吸收知识的过程中遇到的各种困难，从而提高自身的知识技术水平，促进自身转型升级。企业规模（QYGM）系数为正，说明代工企业的规模与对产品知识的获取程度是正相关的，即代工企业的规模越大越易于获取代工客户的产品知识。也反映出代工企业要想成功升级离不开大量人力物力的支持。研发设计的能力（YFSJ）系数为正，说明代工企业研发设计的能力与对产品知识的获取程度是正相关的，即代工企业的研发设计能力越强越易于获取代工客户的产品知识。融入东亚生产网络中的程度（RRCD）系数为正，说明代工企业融入东亚生产网络中的程度与对产品知识的获取程度是正相关的，即代工企业融入东亚生产网络的程度越深越易于接触到网络中的知识溢出，也就越易于获取代工客户的产品知识。

（3）研究假设三成立即代工客户的特征对产品知识获取的程度产生显著影响。由于路径的系数值为 −0.46，所以代工客户的特征对产品知识获取程度的影响主要是负向的。

知识溢出的保护程度（ZSBH）系数为正，说明代工客户对知识溢出的保护程度越强，代工企业越难以获取代工客户的产品知识。代工企业的威胁性（QYWX）系数为正，说明代工企业的威胁性越大就越难以获取代工客户的产品知识。从这两方面我们可以看出，在代工刚开始时代工企业受制于自身的知识技术水平有限，而代工客户为了维持与代工企业的合作，可能会给代工企业提供技术支持甚至是转让一些非核心的知识技术，从而保证代工能够顺利展开。但是当代工企业利用吸收来的知识使自身的产品研发能力得到很大提升，甚至开始销售与代工客户相似的产品，威胁到代工客户的市场地位时，代工客户就会对知识溢出持保守的态度，加强对核心知识、核心专利的保护，从而使得代工企业越来越难以通过获取客户的产品知识来促进自身的升级。文化差异（WHCY）系数为正，说明代工客户与代工企业的文化差异越大，代工企业越难以获取代工客户的产品知识。而双方在文化方面的差异程度越小，比如代工客户在制度环境、企业文化、企业制度以及经营管理等方面与代工企业的差异并不大，则双方在日常的合作交流中乃至在知识转移过程中遇到的障碍就会减少，这将促进代工企业获取知识，从而进行升级。

（4）研究假设四成立即合作双方的关系对产品知识获取的程度产生显著影响。由于路径的系数值为 0.55，所以合作双方的关系对产品知识获取程度的影响主要是正向的。

互动频率（HZQX）系数为正，说明双方的互动频率越高，代工企业越易于获取客户的产品知识。也就是说，代工企业如果经常接受代工客户的技术指导与培训以及双方的技术人员或者是员工能够经常相互访问交流，将促进双方在知识方面的转移和接受，从而能够提高代工企业获取代工客户产品知识的程度，引发技术创新，促进代工企业的升级。合作期限（XRCD）系数为正，说明双方的合作期限与对产品知识的获取程度是正相关的，即双方的合作期限越长，代工企业获取客户产品知识的可能性就越大。信任程度（HDPL）系数为正，说明双方的信任程度越强，代工企业越易于获取客户的产品知识。这就意味着代工企业与代工客户在代工合作中信任程度越高，双方的摩擦冲突就会减少，代工客户在知识技术溢出等方面的防备心理也会降低，代工企业也可以利用代工客户的信任快速有效地吸收代工企业溢出的知识技术，降低交易成本，从而在技术研发以及知识创新等方面取得更大的进步，促进自身的转型升级。

7.5 小 结

本章首先分析了知识转移模型，认为东亚生产网络中代工客户的知识溢出与代工企业强烈的学习动机共同促进了知识转移，而知识转移需要经历知识吸收、知识消化以及知识创新三个阶段，其中知识创新是知识转移的最高层次。其次，本章分析了代工企业转型升级的路径，分别是基于价值链的知识溢出效应，通过 FDI 产生技术溢出效应，通过供应商间的密切联系产生技术溢出效应，通过工序分工产生规模经济效应。再次，本章分析了影响代工企业升级的因素，主要有四个方面：第一，代工产品的知识属性包括产品知识的复杂性、知识的可灵活应用性以及合作双方的知识差距；第二，代工企业特征包括学习倾向、企业规模、研发设计的能力和融入东亚生产网络中的程度；第三，代工客户特征包括对知识溢出的保护程度、代工企业的威胁性和文化差异；第四，代工企业与代工客户关系包括信任程度、合作期限和互动频率。最后，本章对山东省代工企业在新东亚生产网络中升级的影响因素作了实证研究。我们在建立实证研究假设框架的基础上，综合前人的研究成果，构建了结构方程模型，利用对山东省代工企业调查的数据进行模型估计。模型估计的主要结果如下：产品知识属性对产品知识获取的程度产生显著的影响且主要是负向的；代工企业特征对产品知识获取的程度产生显著的影响且主要是正向的；代工客户的特征对产品知识获取的程度产生显著的影响且主要是负向的；合作双方的关系对产品知识获取的程度产生显著的影响且主要是正向的。

第 *8* 章

代工企业转型升级的
国际经验比较

加工贸易是一种基于全球产业链、价值链的水平分工与交换方式。二战后，随着多边贸易体系的建立和贸易自由化的推进，以跨国公司为主导的国际产业分工深度和广度日益拓展，全球化生产网络体系不断加强，传统上多国相对独立的部门间分工贸易，日益被跨国跨地区企业集群式分工和贸易方式替代。

发达国家跨国公司主导了战后加工贸易大发展的格局，同时，继日本之后，亚洲"四小龙""四小虎"随着全球生产网络布局的拓展延伸，相继加入加工贸易大发展行列，走上了新型工业化之路，助推了经济顺利起飞。随后，中国和越来越多的新兴经济体、转轨经济体加入全球产业链价值链分工体系，通过承接国际产业转移，大力发展加工贸易，实现了制造业的跨越式发展与升级。日本、韩国、新加坡是亚洲最早承接国际分工的国家和地区，开始是简单的来料加工、进料加工、装配业务，通过不断调整产业规划、转型升级，在产业部门内部逐步向产业链的中上游延展，产业部门间逐渐向科技含量高、附加值高的产业跨越和发展的国家，其中许多经验值得我们学习和借鉴。本章先介绍欧美发达国家的加工贸易政策，然后分析日本、韩国和新加坡的加工贸易升级经验。

8.1 欧美发达国家的加工贸易

8.1.1 欧美加工贸易的发展与全球生产网络

1. 美国是现代加工贸易活动的开创者

美国长期占据世界第一贸易大国的位置，还是现代加工贸易活动的开创者。早在 20 世纪 30 年代，美国就开始实施海外装配计划，规定美国进口利用美国零部件和原材料在海外加工装配产品时可获得相应的关税优惠，这实际上是一种出料加工方式。二战后，美国很长时间是国际制造业产品第一出口大国，时至今日仍是全球制造业第一大国。随着全球生产网络的形成，美国制造业成为部门内、产品内、公司内贸易的先锋，因此也是加工贸易的先导，拉动了全球加工贸易的大发展。美国 20 世纪 80 年代的零售业革命进一步助推了加工贸易，沃尔玛等大型零售店为了降低进货成本，建立了面向全球的海外供应商体系，成为加工贸易的重要采购方。

2. 美欧跨国公司成为二战后全球分工深化和加工贸易的主导力量

如前所述，发达国家跨国公司是经济全球化自由化的主要推动者，也是主要受益者。二战后世界贸易空前繁荣，其增长速度是世界经济增速的 2 ~ 3 倍，名副其实成为世界经济发动机。而更重要的是世界贸易方式的巨大变化，即由传统的民族国家自主发展向跨国跨地区企业集群式发展转变，作为产品内、公司内和企业集群式发展交集的加工贸易成为主导方式，发达国家及其跨国公司是这一进程的主导者和支配者。从全球多边贸易规则的制定到全球生产网络的形成，到一次又一次跨国投资与产业转移的高潮，到全球制造业外包与供应链体系的形成，到 20 世纪 90 年代国际生产网络体系进一步向全世界渗透并掀起全球化新高潮，这里面都有美欧跨国公司的身影，而且总体由他们主导。跨国公司公司内贸易是典型的加工贸易形态，成为世界贸易的主体。据统计，1983 ~ 1993 年间，美国公司向国外子公司用于加工贸易的出口占其总出口的比重从 34% 升至 44%，进口比重从 33% 升至约 50%；同期，外国跨国公司对其美国子公司进出口中加工贸易占比分别从 83%、55% 升至 86% 和 64%。据 OECD 统计，其成员国之间的贸易额有近 1/2 由跨国公司内部及其相互间的商品贸易构成；美国母子公司之间的贸易占美进出口额的近 40%。

8.1.2　美欧加工贸易的监管模式

美国是世界上设立自由贸易区最多的国家，其法律规定自由贸易区或外贸加工区是加工贸易的主体。从另一方面看，美国的制成品贸易也都是广义的加工贸易，因为美国不实施增值税制度而且关税率很低，美制成品出口中或多或少都含有进口料件成分，只不过没有必要设置专门的保税政策，企业也无多大好处和兴趣。而欧盟的做法与美国完全不同，不针对专门区域，而实行非常开放的办法，不仅所有区域和企业进口料件加工产品出口时可以享受免除关税和增值税的待遇，或者实行先征后退，而且还规定了出料加工、串料加工、临时进出境等灵活待遇，为双向加工贸易提供了最宽松的环境。

1. 美国的外贸加工区监管模式

美国加工贸易的组织形式是外贸加工区，外贸加工区是作为公共设施经营的，每个港区可设立一个外贸加工区。美国外贸加工区法案允许在进境港内或毗邻区建立特别的封闭区，并当作美国海关关税以外区域看待，外贸加工区就属于这种区域。为确保关税与贸易法的统一性，美国海关监督地位重要，外贸加工区经营者必须偿付海关监督管理活动的费用。企业可利用外贸加工区延付关税，避开外国原产标记规定，获较低税率或免税，规避许可证限额，以及避免双重征税。美国在国家层面设有外贸加工区委员会，主席由商务部长担任，成员有财政部部长和陆军参谋长等。

2. 欧盟加工贸易监管模式的特点

欧盟加工贸易监管的最大特点是，由海关依法进行以便利多数企业、控制负面风险为目的的常规监管，并不作为全面意义上的产业或贸易政策，也不会限时调整。欧盟的管理模式分为保税与退税两种体制。保税方式是指允许一些非欧盟成员的货物在进境时暂不缴纳关税和国内其他税款，这种方式主要适用于那些在进口时可以确定其加工后的产品在欧盟以外进行销售的料件；退税方式主要是指允许货物在进口时保留在加工后复出口退还已征税款，这种方式主要适用于那些在进口时无法明确其加工后产品是否销往关境之外的料件。欧盟对深加工结转登记进行变通管理，允许进境加工许可证持有人在保持加工记录的情况下，由下一个环节的主体承担相应的责任。保税加工的产品在补交关税及滞纳金后，可以转为正式进口，进入内部市场流通。此外，政策还允许串料出口以及异地进出境等。

8.2 日本：建立亚洲加工组装网络

日本采用"走出去"和"引进来"相结合，建立了东亚加工组装网络。日本是东亚地区最早发展代工业务的国家，可以说是日本带动了整个东亚地区开展加工贸易的风潮。

8.2.1 日本加工贸易转型升级的主要背景

1. 日元升值前加工贸易的迅速发展

日本由于冷战期间作为美国在东亚的重要战略伙伴，获得美国大力扶植，并成为东亚最早承接美欧代工业务的国家，大量资本和技术涌入为早期跨国企业进入日本提供条件。从 20 世纪 50 年代开始，在政府鼓励和产业政策支持下，日本即进行技术引进、吸收、消化、模仿并实施国产化试验，从纺织工业，到机械工业，又带动钢铁、机电等产业发展。通过进口先进技术并为己所用，日本逐渐建立起自主技术基础和研发体系，由此带动经济快速的增长。

2. 日元升值后鼓励产业走出去

1985 年日元异常升值，使国内产品外销价格上升，不再具有比较优势。同时国内产品市场受冲击，迫使日本将工厂向海外转移。日本政府调整外贸政策，将过去鼓励出口、限制进口政策改为实行扩大内需放宽进口的政策，积极引导其加工贸易步入"向国际发展的时代"，构筑亚洲加工网络，形成了"日本的电子厂家，以新加坡组装工厂为核心，采用马来西亚和泰国的加工企业提供的零部件"的新型加工贸易方式。

8.2.2 日本相关经验总结

1. "引进来"与"走出去"战略

从比较优势来看，日本的核心技术和信息技术与西方发达国家有相当大差距，劳动力成本和汇率劣势使其在代工成本上高于中国、马来西亚等其他东亚国家。由此日本采取"扩大内需放宽进口"政策，"引进来"与"走出去"相结合，一方面通过其一贯的质量和服务优势吸引先进企业委托其生产，另一方面又将生产过程肢解转包给其他国家代工生产。这表现为两种加工贸易形式。一是顺委托加工，即日本企业作为受托者，接受委托者——国外企业提供的原料、辅料或元器件、零配件及包装材料等物资，加工组装为成品后，交付给国外企业并收取商定的加工费。二是逆委托加工贸易，即日本企业作为委托者向受托者——国外企业提供原材料等物资，待其加工出产品后再进口，并向其支付加工费。

2. 与国内外情况相结合，合理有序地进行产业转移

日本企业转移工厂与国内外情况相结合，在很长一段时间内分步进行。20 世纪 60 年代，日本资本密集型的机械工业发展后，开始将如纺织工业等劳动力密集型产业转移到韩国、中国台湾和中国香港。进入 70 年代，伴随三地经济发展和技术进步，安排小型设备密集型产业，加入韩国、中国台湾和中国香港已有的纺织服装工业的行列。到 80 年代，由于三地市场条件的变化以及其他国家的招商引资政策，日本工厂的纺织业等劳动密集型产业代工转向泰国和印度尼西亚，小型设备密集型工业设立于泰国和马来西亚，在中国台湾和韩国开始设立中型设备密集型工业。到 90 年代，受廉价劳动力和优惠政策吸引，劳动力密集型产业开始转移到中国、印度尼西亚和越南，小型设备密集型产业转移到泰国、印度尼西亚和中国南方，中型设备密集型产业转移到马来西亚，在韩国和中国台湾已开始设立大型设备密集型产业。

这种产业的分步转移充分考虑了国内外的有利条件，既实现了日本企业利润的最大化，也带动了转入地经济的发展和起飞。

3. 重点扶持信息技术产业发展

日本通过重点扶持信息技术产业，吸收、消化、模仿国外先进信息技

术成果，培育和引进国内外信息技术人才，实现加工贸易产业的有效转型升级，带动了整个产业经济的复苏和进步。

自 1988 年日元大幅升值后，日本政府即提出产业结构调整的政策方针，引导企业大力发展资本、技术密集型的高附加值产业，逐步淘汰劳动密集型和资源、能源消耗型的低附加值产业。而信息产业的迅速发展则有力地配合了日本政府的政策方针，推动了产业结构的调整。1995～2005年，在大多数产业发展停滞或发展缓慢的情况下，信息产业成为支撑日本经济发展的主要因素。进入 21 世纪以后，信息产业的快速发展直接带动了日本 2002 年以来的经济景气和经济复苏。

4. 明确产业集群政策，构建创新网络

日本加工贸易的不断转型升级可以说一直走在亚洲地区的前端，带动着其他国家加工贸易业的发展和转型。但这一过程并不简单，二战后日本存在严重的国内产业内竞争，每一个具有国际竞争力的产业，几乎都有几家甚至数十家的企业相互竞争。由于激烈的竞争，产业内企业很少能分清领导者和跟随者。即便有领导者也很难长期保持下去，更不用说形成稳定的市场垄断力量。在这种需求和竞争的逼迫下企业不得不进行技术创新。

20 世纪 80 年代日元升值后，大量制造型企业移至海外，日本国内出现产业"空心"，经历了十年多的经济衰退。可以说，以创新为核心的"产业集聚"对日本经济复苏和新型加工贸易模式的形成再一次起到至关重要的作用。

8.3　韩国：发挥比较优势，大力开发高新技术产品

韩国加工贸易转型升级与其对自身优劣势的充分分析和认识密不可分，同时政府对整个加工贸易的转型升级路径有明确的发展规划和设计。

8.3.1　韩国加工贸易发展过程

韩国的加工贸易的发展根据产品层次可以沿经济开发五年计划进行划分。起步于 20 世纪 60 年代，以劳动密集型为主。70 年代，重点转到了钢铁、造船、汽车、电子、石油化工、金属加工和橡胶行业，80 年代，开

始到中国和东南亚等地开展委托加工，再将成品或半成品返销国内或出口到第三国。

韩国的特点是国内市场相对狭小、自然资源不足。因此，韩国的外贸依存度极高。20 世纪 60 年代初期，韩国就制定了"贸易立国"的发展战略和路线，发展很快，并在短短的几十年里取得了巨大成绩。

1. 20 世纪 60 年代，加工贸易初步发展阶段

20 世纪 60 年代初韩国面临的具体国情是：美国经济援助逐步减少；本国资源不足；国内劳动力成本低。基于这些基本国情，韩国开始发展以轻工业和加工工业为主的劳动密集型产业的加工贸易。韩国政府制定各种优惠政策，刺激出口。在这一阶段，韩国的加工贸易以劳动密集型产业加入国际分工，取得了一些好的效果，解决了国内大量低成本劳动力就业问题，还带动了韩国经济增长。但是，在这一阶段，韩国的加工贸易技术含量很低，附加值不高，赚取的只是低廉的加工费。

2. 20 世纪 70 年代到 80 年代，加工贸易转型升级阶段

20 世纪 70 年代，韩国加工贸易遇到了一些问题，上文提到韩国是个小国，资源缺乏，所以进行加工贸易的原材料需要大量进口。70 年代，国际市场原材料价格上涨，韩国加工贸易原本走的就是劳动密集型产业，靠追求数量赚取较低的利润，原材料价格的上涨对韩国加工贸易的冲击很大。韩国政府对此采取的对策是，增强国内配套能力，对生产原材料零部件的厂商给予优惠政策，积极提高原材料零件国产化率，并设法促进深加工以提高产品附加值。韩国这些做法延长了加工贸易产品的国内价值链，虽然并没有实现产品的真正升级，但是在一定程度上弥补了劳动力成本上升的问题，提高了加工贸易产品在国内部分的附加值。应该说在 70 年代，韩国的这些措施是进行加工贸易转型的一部分，表明韩国加工贸易开始寻求转型，但是并没有实现技术升级。

20 世纪 80 年代，韩国遇到了同新加坡相同的问题，即劳动力成本上升，周边一些发展中国家也在积极发展劳动密集型加工贸易，韩国原本的劳动密集型产品失去竞争力，高新技术产品的核心技术韩国又不具备，加工贸易面临困境，急需转型升级。韩国加工贸易开始寻求真正的转型升级，对此采取的政策是，一方面，积极进行海外投资，将一些零部件组装的非核心工序设法转移到周边的劳动力成本较低的发展中国家。另一方面，积极进行产品研发，提高自身产品的科技含量，同时设法创立自主品牌。在 20 世纪 80 年代，韩国政府给予私人企业研发各种优惠和鼓励政策。当时，韩国政府在研发方面的投资居于新兴发展中国家最前列。韩国政府的这些政策也起到了作用，韩国的加工贸易成功摆脱困境，实现转型升级。

3. 20 世纪 90 年代后，全面发展阶段

进入 20 世纪 90 年代后，韩国加工贸易进入全面发展阶段。一方面继续加大研发力度，提升自身产品科技含量，创立自主品牌，加工贸易产品也向高科技产品努力倾斜，完全淘汰了劳动密集型加工贸易。另一方面，积极向发展中国家投资，把一些淘汰产业或者低技术含量的产品加工环节向发展中国家转移，这样既节约了成本，还巩固了自己的海外市场。目前，韩国的加工贸易产品出口世界 100 多个国家，在很多领域都拥有自主知识产权和自己的名牌产品，加工贸易进入全面稳定发展阶段。

8.3.2　韩国加工贸易主要经验总结

1. 开拓发展中国家市场，巩固本国加工品比较优势

传统上，韩国进出口市场比较集中，进口过多依赖日本市场，出口上过多依赖美国市场。为保证海外市场稳定，扭转对日进口和对美出口的严重依赖，韩国通过放松海外投资限制、加强对发展中国家的技术援助、增加贸易贷款等方式，扩大从发展中国家的进出口份额。20 世纪 90 年代韩国市场多元化战略初见成效，1995 年韩国向发展中国家的出口首次超过向发达国家的出口。由于韩国同类产品价格高于发展中国家，技术含量低于发达国家，通过比较优势开拓发展中国家市场，对韩国加工贸易发展意义重大。

2. 提升本国企业加工技术水平，扩大技术外溢

加工技术水平决定着加工业的生产能力和加工品的竞争力，没有自主研发的成果更新就不会有加工贸易的转型升级。韩国在第一个五年计划发展劳动密集的轻工业和来料加工业的同时就制定了技术振兴五年计划，集中若干重点产业引进重点技术消化吸收，并且制定法律法规建立税收、金

融上的支援制度，设立各领域的专门研究机构，推进阶段性的技术引进自由化。

3. 出口加工区实行多种优惠政策，如减免税收等

韩国出口加工区的优惠政策比较典型，包括减免税收、免税期、进出口免税和简化行政程序等。韩国早在经济发展之初就十分重视原材料及加工技术、加工设备等相关中间品的进口，实行生产出口的进口原材料税收减免政策，保证了用于制造出口产品的原材料进口。韩国进口关税中，原材料进口税最低，其次为生产资料及中间品，消费品的关税最高。1970 年《出口自由区设置法》建立的第一个出口加工区——马山出口自由区，对进口商品中一年以内复出口的货物和原材料免税或退税，同时海关有权要求减免税货物的担保。对于部分关键设备和基础原材料甚至实行零关税。

4. 积极寻求海外投资，进行产业转移

韩国在 20 世纪 80 年代遇到劳动力成本提高的劣势后，对外转移了一些劳动力密集型产业到低劳动力成本的发展中国家，弥补了本国劳动力成本提高的困境，收到了很好的效果。不仅开拓了海外市场，而且保证了自己产品在价格上的竞争力。而且，转移的一些产业都是一些高污染或高消耗的产业，韩国国土狭小，转移出去不但节约国内资源而且保护了国内环境。我国近些年实际上已经有一些企业在进行这方面的探索，比如重庆的一些摩托车企业在越南等国都开设了分厂，保证了自己产品在价格上的竞争力，还为自己的产品打开了海外市场。

8.4　新加坡：配套服务完善和"专区式"发展

新加坡是东南亚地区的中转港口，地理位置优越，凭借高效优质的基础设施服务和舒适的自然环境吸引了世界众多跨国公司的进入。

8.4.1　从加工贸易逐步向服务贸易转型

新加坡在 1961 年成立经济发展局，职能定位为"招商引资"，采取改

善基础设施、实行税务优惠、提供银行贷款等服务，设立裕廊镇把相关企业集中在一起进行出口加工贸易。1967 年，新加坡进一步颁布"经济扩展奖励（豁免所得税）法案"，大力发展出口加工业，吸收国外资金。

20 世纪 80 年代末 90 年代初，总体经济开始转型，高科技、高附加值企业得到优先发展，裕廊工业区设立专门的科技工业园区和国际商务区，1997 年面对亚洲金融危机，新加坡加管理中心从对业务的管理转变到服务上来，强化基础设施建设、配套服务，并通过降低土地租金等与投资者共同应对经济不景气。新加坡工业园区的基础设施和后勤服务一直在世界排名前列，成为吸引外来投资、产业集聚的有力保证。

8.4.2　成功经验总结

1. "专区式"发展和"化学群"战略

1961 年开始建立的裕廊工业岛目前是新加坡最大的现代化工业园区，从开始的化学出口加工区转变为集自由贸易区、一般工业区和新兴、高科技工业区为一体的现代化工业园区，推动了新加坡进入新兴工业国家。

首先，良好的基础设施和后勤服务是"专区式"发展顺利进行的重要保证。裕廊岛开始即凭借完善的水电、便利的交通运输、高效的服务以及低的初期投资成本吸引厂商进驻，同时不断加强道路设施、陆运交通运输、便利港口海运、污水处理、防洪潮、消防、绿化等基础设施的提升和完善。

其次，"化学群"发展战略即是推动其成功的主体动力。这一战略将化学工业的上、中、下游产业集中到一起，形成一个"大而全"的产品供应基地，既大大降低运输成本，又同时完善产业链条，获得多种衍生产品，扩大了石化区的经济效益。已形成完整的上下游化工产业，包括上游的炼油、乙烯（埃克森美孚、壳牌等），下游的石油化学工业（伊斯曼公司、帝人、塞拉尼斯、三井化学等大型石化企业）和服务业—物流仓储业（孚宝、欧德油储）等。

2. 合理部门分工，提高政府服务水平

在新加坡，招商引资由裕廊岛管理局和经济发展局两个不同部门分工

合作完成。其中裕廊岛管理局负责园区规划、建设和管理。经济发展局负责将投资商引入工业园区。它在政府的支持下，在世界各主要发达国家均设立分支机构开展其业务，经济发展局不仅主动帮助投资者解决用地和投资纳税等一系列问题，还为投资者提供各种便利条件，创造良好的投资环境。

职能分工使两者均能集中精力搞好各自分内事务，提高服务水平和效率。政策法令统一透明，也有效遏制了腐败的滋生。虽然采取个案处理原则，视投资项目大小裁定优惠政策，但每次谈判结果都是同类企业投资优惠的依据。

3. 产业个案处理原则，注重大企业的跟随效应

新加坡为吸引投资商，采取个案处理原则。政府设立许多优惠政策，如化学品零关税，外资企业对本地工厂拥有 100% 所有权等。但这些政策并不完全公开，视投资项目大小而定，并单独与其谈判，每次谈判的结果都是相同类型企业投资优惠的依据。尤其大型跨国企业，作为新加坡招商引资的突破口，如美国的壳牌、埃里克森美孚等，都是新加坡积极争取的结果。这也得益于新加坡中央和地方政府的单一层次体制，园区的高办事效率大大降低了企业与政府间的交易成本。大企业的入驻是相关产业链条完善和其他企业跟进的保证，这样一是形成产业集聚，二是扩大技术外溢和学习。

4. 注重岛内人才培养开发与技术创新

新加坡一直把发展教育、开发人力资源作为增强核心竞争力的战略措施，在全民教育和终身教育基础上，积极培养各层次专门人才，重视技能人才的培养，建立庞大的技工培训体系，为新兴产业发展提供大量技术工人。同时，近十几年来，新加坡科学和技术委员局为科学和技术基础设施建设的投资已超过几十亿美元，以吸引领先的私营研究开发公司落户，促进岛内技术创新。20 世纪 90 年代以后，新加坡在积累大量资本和技术能力之后，重点利用其电子信息产业配套生产能力强的特点，与发达国家的跨国公司进行广泛研发合作，数据显示其高新技术产品出口占制成品出口比重达 70% 以上，从而使其在高附加值和高技术层面的加工贸易产业取得了较大发展。

8.5 各国代工企业转型升级经验总结

各国国情不同，但均克服瓶颈制约，通过政府、企业和社会的共同努力，实现了代工企业的成功转型升级。相关经验总结如下。

8.5.1 政府政策主导，且通常对未来有明确的产业规划

由日本、韩国和新加坡经验可以看出，在加工贸易的每一个转型升级的发展阶段，政府的政策均具有强有力的导向性。各国在出口退税、出口加工区优惠政策、鼓励区外合作、产业集聚等均体现了政策的指向性作用。另外，从几个国家加工贸易发展来看，通常都具有明确的产业规划，带动政策出台、落实及产业的发展。

8.5.2 建有良好的管理体制和制度保障

各国（或地区）经验告诉我们，良好的管理体制和制度环境一方面可以吸引外来资本进入，另一方面让企业在转型升级中无后顾之忧。如对于出口加工区的建设，日本、韩国和新加坡均具有严格明确的管理制度，新加坡裕廊岛管理局和经济发展局分工合作，且政策法令统一透明；既给符合条件的投资者和企业提供法律保障，也减少不符合条件企业的滥竽充数，有效遏制腐败的滋生，提高办事和服务效率，吸引外资和企业入驻。

8.5.3 能够充分利用自身优势，发挥比较优势

各国家和地区情况不同，重要的是如何充分利用自身优势，减小不利因素影响。如新加坡作为港口中转城市国家，具有优越的地理位置，但其国土面积小，可以用资源少。其吸引大量外资和大规模企业入驻，甚至很多企业将分支或总部设在新加坡的主要原因是其良好的地理位置、基础设施建设、后勤服务以及干净优美的城市环境。

韩国实行多元化发展，在进出口方面摆脱过度依赖美国、日本，出口

转向发展中国家。

8.5.4　在条件具备的前提下，合理有序地进行产业转移

产业转移需要宏观规划以及市场需求、产业链条延展和自主技术培养等多方因素配合。如日本 20 世纪 80 年代中期以前的产业转移是根据产品市场的巨大需求和要求而进行的，并且根据产业转移承接地的条件开始在韩国等地，后来才逐渐发展到泰国、印度尼西亚、马来西亚等。如果产业转移的同时并没有销售的市场和技术的进步，而仅仅基于低成本劳动力和环境污染的压力，那产业转移的结果可能是恶性竞争，受到排斥，也是给自己培养简单加工的竞争者。

尤其需要注意的是产业转移并不仅仅是企业追求利润的最大化，它需要一国整体性的合理宏观规划。如日本在日元贬值产业环境变差后，大量制造型工厂争相转移到海外，造成国内产业"空心化"，引发十余年经济衰退。

8.5.5　重视产业集聚和技术外溢

根据各国经验显示，创造条件使产业集聚具有实现规模效益、模仿带动效应、节约成本和加速技术扩散研发等多重好处。如新加坡通过"化学群"发展战略，将化学工业的上、中、下游产业集中起来，既降低运输成本，又可以完善产业链条，获得多种衍生品，扩大经济效益。韩国、新加坡在加工贸易转型升级过程中及之后，鼓励区内外企业分包活动，加强出口加工区的后向联系。如韩国采取"区外加工项目"，允许出口区企业使用区外企业为其生产一定份额的出口商品，并给予本地获得分包的企业补贴，积极帮助他们与国外先进技术接轨和学习，促进出口加工区的技术外溢。

8.5.6　注重吸引和培养科学技术人才，提升自主研发能力

科技的创新离不开人才，加工贸易的转型升级过程更离不开宝贵的人力资源。无论是产业链向上游延展，还是产业部门间的跨越，都需要人才的支撑和工作。以上国家在人才培养和自主研发方面做出巨大努力，财物

力投入十几亿到几十亿不等，同时韩国大幅扩大对技术开发的金融支持规模，日本鼓励并参与建立创新网络，新加坡着力吸引领先的私营研究开发公司等。一些欧美发达国家甚至将未来 10 年的新技术都保存起来，一旦原有技术被模仿，新技术立刻进入市场，以始终保持技术竞争力和对产业高端价值链的控制。

第 **9** 章

研究结论和对策建议

9.1　本书研究结论

本书将代工企业转型升级放在全球生产网络框架下，从产业升级在参与全球价值链分工的过程中与外部的链联系这个视角分析全球生产网络内产业升级的机制和影响因素，并结合我国加工贸易的具体发展特性探讨对于发展中国家而言，应该如何通过利用外资更好地嵌入全球价值链中，不断提升在价值链中的地位，获取更多的利益分配问题。最后对我国加工贸易产业抓住机遇，在跨国公司全球价值链体系中找准位置，借助其全球生产体系实现加工贸易的转型升级提出合理可行的建议。

第一，分析了全球生产网络内的知识扩散机制，从承接高新技术产业转移、经济效应和技术外溢效应以及出口示范效应方面分析了参与全球生产网络促进制造业产业结构优化升级的传导机制；第二，建立全球生产网络内产业升级的理论模型，对企业全球价值链序次提升的关键点和突破关键点的能力构建进行了系统的理论分析，并以此框架模型为依据，用面板数据分析了我国机电行业加工贸易转型升级的影响因素；第三，在全球生产网络的分析框架内，用计量模型分析了引进外资与山东省半岛制造业基地产业升级的关系，进一步拓展了生产网络内升级的地区效应的研究。

通过相关的理论分析与实证研究，我们可以得出结论：参与全球生产网络对于加工贸易企业实现转型升级有一定的促进作用。无论是跨国公司在东道国建立子公司，还是通过国际产业转移或者是直接利用外资，都会产生部分溢出效应，对于东道国当地制造业的技术水平、管理能力、生产效率等均会有一定的提升作用。但是同时，我们也应该看到，通过国内企业自身加大自主研发力度，加大人力资本投入，加深对外开放程度等来促进制造业产业结构的优化调整具有更大的效力。因此，一方面，积极参与国际分工、参与全球生产网络对于本国产业结构调整是有利的，需要积极地承接国际转移，积极地引进和利用外资；另一方面，也要把握好国内的相关投入，在自主研发能力不断提高的同时也努力促使外资的溢出效应最大化。

9.2　政 策 建 议

从分工角度来看，"一带一路"是一种新的国际分工格局的体现，一方面通过产业互补，产业转移的方式，将中国的优良产能转移到沿线国家或地区，为我国产业结构升级拓展外部空间。另一方面通过对外直接投资，帮助沿线国家基础设施建设，推动其工业化发展，实现与沿线国家的共赢发展。而如何推进"一带一路"倡议，根据当前的形势可重点加强三方面建设，即加强对沿线国家基础设施建设，深化金融合作；实现与沿线国家发展战略无缝对接；加强优势互补，构建全新开放格局。"一带一路"倡议作为一种全新的分工模式，与日本从自身发展利益出发所组建的雁行模式具有显著的不同。中国积极承担世界经济复苏的重任，并始终保持一个大国姿态。尤其是亚洲金融危机爆发以后，中国依然保持人民币不贬值，使东亚各国尽快走出亚洲金融危机的阴霾，与日本保守的经济政策形成鲜明对比。中国作为一个崛起的大国，负责任的大国，有能力也有义务引领"一带一路"沿线国家实现共同发展。

同时，在国内方面应该从宏观、中观以及微观三个层面进行配套措施。

9.2.1　宏观层面：构建政策平台，建立良好投资环境

1. 实施基于行业、价值链环节和模块的混合型加工贸易政策

在产业间分工、产业内分工、产品内分工并存局面下，各国的生产能力被纳入全球生产网络中，很难从最终产品或某个特定产业来判断一国的优势所在，一国的比较优势主要体现在全球价值链的某个或多个环节上。

基于传统的产业间分工模式和行业实行的产业政策无法反映加工贸易特征，也不能有效反映一国的比较优势。因此，加工贸易政策应该针对某个具体行业中的价值链环节或模块进行制定，这样更符合加工贸易升级的内涵。

实施集群转移模式，增强中西部地区的承接能力。对于东部地区来说，近年来国际服务业转移成为新一轮全球产业结构调整和布局的新趋势。因此，东部地区应及时抓住这一契机，主动承接跨国公司服务外包业务，大力开展服务业加工贸易，促进中国产业结构和贸易结构不断升级。对于中西部地区来说，则要抓住机遇适时承接东部地区的加工贸易产业。中西部地区相对于东部来说具有要素成本相对较低的比较优势，但与越南等东南亚国家相比这种优势就不明显。这就是说，东部目前急需转移的产业可能流向国外，仅仅依赖市场机制来引导加工贸易向中西部转移有可能出现市场失灵，因此需要政府加以推动。应围绕加工企业建立零部件生产企业，以建立若干集零部件生产和加工装配于一体的专业的出口加工区。在加工产业向中西部地区转移过程中，应鼓励配套产业一并转移，将中西部地区的每一个出口加工区扶持发展成专业的加工产业集群，放大该项活动在本地区的比较优势。

2. 加大引资力度、加强产业的宏观引导

开放是全球生产网络的特点，也是生产网络内加工贸易企业转型升级的动力。我们要把握好产业转移的新特点、新机遇，在开放上继续保持领先地位，进一步加深开放程度，加大引资力度。主要可以从以下两个方面着手：一是着力推进与跨国公司的战略合作。要重点加强对跨国公司的发展战略、产业结构、生产布局等方面的研究和分析，采取更加积极有效的措施，吸引更多的跨国公司在我国设立加工基地、研发中心和地区总部。鼓励该区域内企业与跨国公司开展全方位、多渠道的合作，充分利用合资合作、股权并购、技术入股等多种方式吸收外资。二是要勇于参与国际竞争，要率先培育一批具有国际竞争力的跨国公司，组成强大团队，努力实现在国际分工合作中获取利益最大化。

在加大引资力度的同时，也要注意加强外资引入的产业引导。第一，优先发展先进制造业，吸引外资向先进制造业转移。通过利用外资，着力培植以电子信息、生物技术、新材料等为重点的高新技术产业，大力振兴以数控机床、汽车、船舶、专用设备等为重点的装备制造业，加快采用高

新技术和先进适用技术来改造传统产业，提升传统产业的技术装备水平。第二，引导外资投向战略性产业。通过政府的产业引导，积极利用外资加快发展包括高新技术产业在内的技术密集型产业，进一步突出信息技术、生物制药、航空航天等发展重点。同时积极促进能源工业稳定发展，加大油气资源勘探开发力度，扩大以我为主的国际合作，加快发展新能源和可再生能源。

3. 建立良好的投资环境，保护知识产权

制造业企业要壮大，产业结构要提升，就必须改良企业的经营环境、产业的配套环境和国家的市场环境。我们可以从以下几个方面着手：第一，加强政府的服务意识，建设服务型政府，提高政策的透明度，同时保持引资政策和法律法规的稳定性。在外资的审批程序上要做到"省时，省力"，强化办事效率，积极主动热情地为外商投资者提供全方位的优质服务。第二，在给予外资一系列优惠政策的同时，也要做到在市场竞争上对外资企业和当地企业平等对待，不再给予外资企业"超国民"待遇。从而进一步营造公平、开放的市场竞争环境。第三，增强知识产权保护意识。对于经济发达的国家而言，知识产权保护意识强烈。

不少外资企业不愿将核心技术与产业活动转移到中国，或者不愿意与国内企业开展配套合作，一个重要的原因是担心其技术外泄，知识产权得不到有效保护。因此，加强知识产权保护，对于加工贸易企业的创新活动和发展加工贸易配套产业，均具有重要作用。政府应加快相关的立法工作，使知识产权保护有法可依，营造良好的产权保护环境。同时提高本土企业的知识产权保护意识，积极为自主研究成果申请专利，保障自身利益，并在法律允许的范围内充分利用外资企业的专利技术。

9.2.2 中观层面：培育行业环境，接近全球领导厂商

1. 构建加工贸易集群指向的学习和创新网络体系

全球生产网络、加工贸易和产业集群是紧密联系在一起的，产业集群已经成为特定区域开展加工贸易的重要平台和条件。在某种意义上说，加工贸易企业升级不仅仅是加工贸易本身一个环节的升级，也是加工贸易集群的整体升级，而加工贸易集群整体升级的关键在于提高集群的学习与创

新能力。因此，在加工贸易发展较为集中的地区，构筑以加工贸易集群为指向的科技创新体系应当是进一步推动加工贸易升级、从"中国制造"走向"中国创造"的必然选择。

各级地方政府可以考虑把构建加工贸易创新体系纳入本地区科技发展规划，并置于重要地位，充分利用本地区的科技、产业与区域优势，有重点地选择一些产业，构筑以加工贸易产业集群为指向的科技创新体系。创新体系的构建一定要坚持开放性的原则，即建立开放式的创新体系，这对于已经深深嵌入全球生产网络的加工贸易产业集群来说至关重要。开放的创新体系的具体架构，可以包括：加工贸易产业集群的发展战略定位与产业指导体系、具有共性技术平台建设体系、技术消化吸收信息，信息和管理服务支撑体系和人力资源开发体系等项内容。

2. 有针对性地培育加工贸易配套产业的发展

作为加工贸易产业集群的重要构成内容，相关产业的发展是加工贸易"落地生根"并实现升级的重要条件，我国加工贸易相关产业的总体发展水平还有待提高，原材料与零部件配套产业、装备制造业、物流业等主要相关产业都存在一些不利于加工贸易升级的因素，特别是关键原材料零部件配套能力、高端设备设计制造能力相当薄弱，应当是今后一段时间重点扶持和培育的对象。

推动配套产业和装备制造业发展的具体措施，可以考虑从以下几个各方面入手：

（1）把发展加工贸易原材料零部件配套产业和装备制造业纳入加工贸易升级战略，同时把为加工贸易提供装备作为发展装备制造业的一个重要指向。

（2）引导国内企业关注加工贸易原材料零部件配套市场和设备需求动向，支持国内企业与加工贸易企业开展各种形式的合作。

（3）在一些关键零部件和关键设备的开发与生产，融资税收等方面给予特殊的优惠政策。

（4）出台鼓励加工贸易更多地使用国产原材料零部件和设备的政策措施设备的政策措施。

（5）引导国内装配制造企业融入全球生产网络，参与国际产业大循环，通过为国外设备制造商提供配套而间接为国内加工贸易提供装备，同时不断提高自身的设计制造能力。

3. 接近全球生产网络中的领导厂商，促进国内生产网络的形成与延伸

研究表明，随着资本相对于劳动力及其他资源变得越来越丰富，一个国家就会逐渐在资本和技术密集型行业、产品、价值链环节或模块上形成比较优势，进而实现产业升级。然而，这种升级并不是随机发生的，它经常发生在那些与全球生产网络中的领导厂商有密切联系的行业、产品、价值链环节或模块上。因此，要想使中国加工贸易在全球生产网络中得到快速升级，相关政府管理部门和高层级供应商企业就一定要认识到接近领导厂商的重要意义，在战略和行动上注意接近领导厂商，以便提高学习效率和学习效果，快速学到真正的知识，以嵌入全球生产网络的龙头加工企业为核心，广泛吸收相关企业建立起松散的联合体或合作关系，建立国内生产网络，形成全球生产网络中的子网络。

建立国内生产网络，就是以嵌入全球生产网络的龙头加工贸易企业为核心，广泛吸收相关产业建立起松散的联合体或合作关系。国内生产网络的形成和延伸，能够使加工贸易的组织更加适应全球生产网络的运行机制，同时可以充分利用网络组织兼有企业和市场两种治理模式的优点，这既有利于加工贸易核心企业核心竞争力的形成和提高，也有利于价值链在国内延伸、相关企业的成长以及配套产业的发展。

9.2.3 微观层面：加强人才培养，提升企业自主创新能力

1. 加强加工贸易人才培养，培育创新型人才

我们要高度重视人力资源的开发，积极推行人才战略，着力培育创新型人才，这些作为发展经济的前提，已经成为各国的共识。在参与全球生产网络的过程中，具有高科技的人才是充分利用外资溢出效应的前提。只有能够学习、掌握外资技术的人才才能在自主研发中发挥更好的作用。因此，为了实现我国加工贸易的转型升级，为了能够更好地参与国际分工，取得竞争优势，就必须加大对教育的投入力度。同时，有研究表明，人力资本流动是技术溢出效应的一个重要渠道。外资企业通常凭借其自身的比较优势，以其良好的职业生涯规划和优厚的工资、福利待遇，吸引了大批优秀的专业人才集聚。

目前，加工贸易提供了数千万个低附加价值的就业岗位，解决了一大

批劳动者的就业问题，为增加农民收入做出了重要贡献。而加工贸易转型升级，则需要更高的人力资源相配合。为此：（1）要加强民营企业家及管理人员的培训。通过培训让他们了解现代生产方式和商务模式、经济全球化背景下企业和产业升级的基本机制，告别过去英雄打天下的想法，使他们的经营组织成为现代化企业。（2）要加强紧缺专业技术人员的培养，特别是不要忽视加工贸易对高级专业技术人才的特殊需求。（3）要加强教育，特别是职业教育，造就一批高素质的新劳动力队伍。

增强自主创新能力，提高技术水平，是产业结构优化升级的重要动力。因此，我们可以从以下几个方面着手：第一，要不断鼓励大企业加大研发力度，加强自主创新，努力提高核心竞争力，着力打造一批拥有自主知识产权的国际品牌；第二，支持有实力的大型企业在积极参与全球生产网络的同时扩大海外市场，到境外去投资设厂，参与跨国并购，进行境外上市融资等，使其在国际化经营中做大做强，实现更快速的成长；第三，要鼓励技术研发部门积极与企业进行合作，尽快促进技术成果的转化；第四，要给予勇于创新的企业以支持和鼓励，比如在一些重点工程和国有企业采购项目中对国内自主创新技术予以优先采用或者减免税待遇等。

2. 创建与全球生产网络相和谐的学习型加工企业

加工贸易企业价值链升级的动力来自新知识的获取而带来的企业能力的提高。升级所需知识的来源包括两个方面：一是企业内部的知识创新；二是外部知识的转移与扩散，知识的转移与扩散包括价值链内知识从领导企业向低端供应商的转移（垂直知识外溢），以及不同价值链间知识的外溢（水平知识外溢）。在全球生产网络中，高层级主体特别是领导厂商之所以能够占据附加值相对较高的价值链环节，是因为他们控制着相关的稀有资产。加工企业要想取得网络主体地位及其所从事价值链环节的提升，就必须逐步获得或创造这种稀有资产，而这一过程可借助于全球生产网络中的知识转移与扩散机制得以实现。

从网络内知识的传播途径来看，知识转移可以通过市场即知识供求双方正式合同买卖关系来实现，也可以通过非正式途径来转移。但知识转移本身还不足以形成知识扩散，加工企业只有在有效地吸收转移来的知识并通过自身的知识创造才能不断提高自身的能力，而这主要是通过显性知识和隐性知识之间的动态转换来实现的。具体包括社会化、外部化、结合与内部化等一系列过程。

随着能力的提高，加工企业会逐步提升在全球生产网络中的地位及其所从事的价值链环节，众多加工企业网络主体地位及其所从事价值链环节的提升就会导致一个国家加工贸易的整体升级。在知识转移、扩散及加工贸易升级过程中，起决定性作用的因素是加工企业的知识吸收能力，而全球生产网络内部治理模式和当地环境因素对这一过程具有重要影响。

3. 沿着全球价值链两端攀升与跳跃，实现加工贸易功能升级

功能升级是指企业逐步调整嵌入价值链的位置与组织方式，通过拥有该行业价值链的战略性环节，最终获得该行业价值链上的统治权。功能升级是对企业分工地位、经营业务和组织方式的调整，对企业技术创新或国际市场营销能力要求比较高，而且还需要冒很大的风险。因此，功能升级非常艰巨，加工贸易升级往往受阻于此。

功能升级沿着价值链攀升一般有两个方向：一是侧重于研发设计，致力于技术创新，从 OEM 演进成 ODM 甚至 DMS（design manufacture service）。一部分从事 OEM 的加工贸易企业通过"干中学"和"组织演替"不断积累整体资源能力和经验后，逐步转变为主要依靠自身研究与开发成果，成为集设计、制造、经营于一体的技术密集型企业，实现企业功能性升级。二是侧重渠道和品牌建设，致力于创品牌，从 OEM 或 OEM 与 ODM 相结合演进成 OBM。在渠道和品牌建设上，加工贸易企业可建立具有国际市场竞争力的自主品牌；也可借道他人渠道和网络向全球推广自己的品牌和产品；还可建立品牌战略联盟，合伙进军国际市场。

一般而言，中国加工贸易企业依据全球价值链的升级轨迹都是从 OEA（组装商或贴牌加工）或是 OEM 开始最终实现 OBM。对于市场拓展能力较强的企业，可能会开始于 OEA，再到 OEM，再到全球物流契约（global logistics contracting，GLC）模式，从而使其生产纳入全球物流体系，以实现市场扩张，最后发展到 OBM。对于技术能力相对较强的加工贸易企业，首先从发展技术能力开始，从 OEA 逐渐发展到 ODM，待自行设计能力达到一定水平以后再提高市场开拓能力，最终实现 OBM。

附　　录

关于代工企业升级的调查问卷

尊敬的女士/先生：

　　您好！我们是山东财经大学的调研团队，感谢您在百忙之中参与本问卷调查。

　　我们调查的目的是希望了解山东省代工企业（电子制造企业为主）在进行代工的过程中，对国外代工客户（即发包商）"产品知识"的学习情况，继而探索代工企业的升级路径。您的宝贵意见是我们研究成功的关键，烦请您协助完成以下问卷。我们保证本问卷仅用于学术研究，所获取的资料仅进行整体分析，不做个别探讨，请您放心作答。

一、基本资料

1. 贵公司是否给国外其他公司代工制造过产品？（　　　）

A. 是　　　　　　　　B. 否

2. 贵公司代工的订单来源于东亚（日本、韩国、中国香港、中国台湾、新加坡）的比例是（　　　）。

A. 0～20%　　　　　B. 20%～40%　　　　　C. 40%～60%

D. 60%～80%　　　　E. 80%～100%

3. 贵公司主要的代工客户是否持有贵公司的股权？（　　　）

A. 是　　　　　　　　B. 否

4. 贵公司代工产品的产值占公司所有产品产值的比例是（　　　）。

A. 0～20%　　　　　B. 20%～40%　　　　　C. 40%～60%

D. 60% ~ 80%　　　E. 80% ~ 100%

5. 贵公司的代工规模和同行业其他代工厂商的规模相比是（　　）。

A. 小型　　　　　　B. 中小型　　　　　　C. 中型

D. 大中型　　　　　E. 大型

二、知识本身的属性

1. 代工客户的产品知识和技术经过彻底研究相关书面文件后，就可能完全掌握。（　　）

A. 非常不同意　　　B. 比较不同意　　　　C. 一般

D. 比较同意　　　　E. 非常同意

2. 贵公司从某一代工客户处学习到的知识可以很容易应用到另一代工项目中。（　　）

A. 非常不同意　　　B. 比较不同意　　　　C. 一般

D. 比较同意　　　　E. 非常同意

3. 代工客户的产品知识或技术比我们先进很多。（　　）

A. 非常不同意　　　B. 比较不同意　　　　C. 一般

D. 比较同意　　　　E. 非常同意

三、代工企业的特征

1. 贵公司希望通过各种机会来学习代工客户的产品知识和技术。（　　）

A. 非常不同意　　　B. 比较不同意　　　　C. 一般

D. 比较同意　　　　E. 非常同意

2. 为了学会代工客户的产品知识和技术，贵公司已投入许多人力与物力。（　　）

A. 非常不同意　　　B. 比较不同意　　　　C. 一般

D. 比较同意　　　　E. 非常同意

3. 贵公司除了为该客户代工制造之外，还积极与客户合作，研发设计新产品。（　　）

A. 非常不同意　　　B. 比较不同意　　　　C. 一般

D. 比较同意　　　　E. 非常同意

四、代工客户的特征

1. 贵公司经常以自有品牌销售与该代工客户类似的代工产品。（　　）
　　A. 非常不同意　　　B. 比较不同意　　　C. 一般
　　D. 比较同意　　　　E. 非常同意

2. 代工客户会故意设置一些规定或条件，来限制我们获取他们的产品知识和技术。（　　）
　　A. 非常不同意　　　B. 比较不同意　　　C. 一般
　　D. 比较同意　　　　E. 非常同意

五、代工企业与代工客户的关系

1. 贵公司为主要客户代工制造的年限是（　　）。
　　A. 0~2 年　　　　　B. 2~4 年　　　　　C. 4~6 年
　　D. 6~8 年　　　　　E. 8 年以上

2. 在合作和交易过程中，双方能够相互信任，遵守合同规定。（　　）
　　A. 非常不同意　　　B. 比较不同意　　　C. 一般
　　D. 比较同意　　　　E. 非常同意

3. 代工客户经常来公司进行技术指导或培训。（　　）
　　A. 非常不同意　　　B. 比较不同意　　　C. 一般
　　D. 比较同意　　　　E. 非常同意

4. 双方技术人员会经常互相参观访问交流。（　　）
　　A. 非常不同意　　　B. 比较不同意　　　C. 一般
　　D. 比较同意　　　　E. 非常同意

5. 贵公司与代工客户在文化方面的差异，给双方在合作的过程中造成了很多的麻烦。（　　）
　　A. 非常不同意　　　B. 比较不同意　　　C. 一般
　　D. 比较同意　　　　E. 非常同意

六、贵公司产品开发知识取得或学习的程度

1. 通过代工的合作与交流，贵公司提高劳动生产率并引致生产成本

降低的程度是多少？（　　　）

　　A. 非常少　　　　　B. 比较少　　　　　　C. 一般

　　D. 比较多　　　　　E. 非常多

　　2. 通过代工的合作与交流，贵公司的产品质量改善程度是多少？（　　　）

　　A. 非常少　　　　　B. 比较少　　　　　　C. 一般

　　D. 比较多　　　　　E. 非常多

　　3. 通过代工的合作与交流，贵公司的产品开发设计能力的提高程度是多少？（　　　）

　　A. 非常少　　　　　B. 比较少　　　　　　C. 一般

　　D. 比较多　　　　　E. 非常多

　　问卷调查到此结束，对于您所提供的协助，我们表示诚挚的感谢！

参 考 文 献

[1] 包玉泽，谭力文，刘林青．全球价值链背景下的企业升级研究——基于企业技术能力视角 [J]．外国经济与管理，2009（4）：47-53.

[2] 卜国琴．全球生产网络与中国产业升级研究 [D]．广州：暨南大学，2007.

[3] 陈飞翔，郭英．关于人力资本与FDI技术外溢关系的文献综述 [J]．财贸研究，2005（1）：17-23.

[4] 程惠芳．国际直接投资与开放型内生经济增长 [J]．经济研究，2002（10）：71-78.

[5] 杜德斌．跨国公司R&D全球化的区位模式研究 [M]．上海：复旦大学出版社，2001.

[6] 杜群阳，朱勤．中国企业技术获取型海外直接投资理论与实践 [J]．国际贸易问题，2004（11）：66-69.

[7] 冯德连．研发国际化趋势下我国技术创新模式的选择 [J]．财贸经济，2007（4）：41-46.

[8] 郭庆旺，贾俊学．中国全要素生产率的估算：1979~2004 [J]．经济研究，2005（6）：51-60.

[9] 黄日福，陈晓红．FDI与产业结构升级：基于中部地区的理论及实证研究 [J]．管理世界，2007（3）：154-155.

[10] 何洁．外国直接投资对中国工业部门的外溢效应的进一步精确量化 [J]．世界经济，2000（12）：29-36.

[11] 侯茂章，汪斌．基于全球价值链视角的地方产业集群国际化发展研究 [J]．财贸经济，2009（5）：68-73.

[12] 江小涓．我国对外投资的战略意义与政策建议 [J]．中国外汇管理，2000（11）：8-9.

[13] 江心英，李献宾，顾大福，宋平生．全球价值链类型与OEM企业成长路径 [J]．中国软科学，2009（11）：34-41.

［14］景劲松，陈劲，吴沧澜．我国企业 R&D 国际化的现状、特点及模式［J］．研究与发展管理，2003（8）：41－48．

［15］康灿华，吴奇峰，孙艳琳．发展中国家企业的技术获取型 FDI 研究［J］．武汉理工大学学报（信息与管理工程版），2007，29（10）：109－112．

［16］蓝庆新．全球价值链下的电子信息产业集群升级研究［J］．经济前沿，2005（9）：41－44．

［17］李东阳．国际直接投资与经济发展［M］．北京：经济科学出版社，2002．

［18］李平．技术扩散理论及实证研究［M］．太原：山西经济出版社，1999．

［19］李平，崔喜君，刘建．中国自主创新中研发资本投入产出绩效分析——兼论人力资本和知识产权保护的影响［J］．中国社会科学，2007（2）：32－42．

［20］李平，宋丽丽．FDI 渠道的 R&D 溢出、吸收能力与中国技术进步——基于一个扩展的 LP 方法的实证研究［J］．山东大学学报（哲学社会科学版），2009（4）：25－31．

［21］李蕊．跨国并购的技术寻求动因解析［J］．世界经济，2003（2）：19－24．

［22］李小平，朱钟棣．国际贸易、R&D 溢出和生产率增长［J］．经济研究，2006（2）：31－43．

［23］李小平，卢现祥，朱钟棣．国际贸易、技术进步和中国工业行业的生产率增长［J］．经济学季刊，2008（2）：549－564．

［24］刘德学．全球生产网络与加工贸易升级［M］．北京：经济科学出版社，2006．

［25］刘凯敏，朱钟棣．我国对外直接投资与技术进步关系的实证研究［J］．亚太经济，2007（1）：98－101．

［26］刘林青，谭力文，施冠群．租金、力量和绩效——全球价值链背景下对竞争优势的思考［J］．中国工业经济，2008（1）：50－58．

［27］刘明霞．我国对外直接投资的逆向技术溢出效应——基于省际面板数据的实证分析［J］．国际商务——对外经贸大学学报，2009（4）：61－67．

［28］刘伟全．发展中国家海外直接投资的理论依据及其启示［J］．

对外经贸实务，2007（8）：81－84.

［29］刘伟全. 发展中国家 OFDI 逆向技术溢出与母国技术进步效应理论评述与展望［J］. 山东财政学院学报，2009（3）：77－80.

［30］刘伟全. 我国 OFDI 母国技术进步效应研究——基于技术创新活动的投入产出视角［J］. 中国科技论坛，2010（3）：96－101.

［31］刘志彪，张杰. 从融入全球价值链到构建国家价值链：中国产业升级的战略思考［J］. 学术月刊，2009（9）：59－68.

［32］林青，陈湛匀. 中国技术寻求型跨国投资战略：理论与实证研究——基于主要 10 个国际 FDI 反向溢出效应模型的测度［J］. 财经研究，2008（6）：86－99.

［33］鲁桐. 中国企业海外经营：对英国中资企业的实证研究［J］. 世界经济，2000（4）：3－15.

［34］罗斯托. 经济成长的阶段［M］. 北京：商务出版社，1995.

［35］罗勇，曹丽莉. 全球价值链视角下我国产业集群升级的思路［J］. 企业经济，2007（8）：60－63.

［36］吕文栋，张辉. 全球价值链下的地方产业集群战略研究［J］. 中国软科学，2005（2）：119－124.

［37］潘文卿. 外商投资对中国工业部门的外溢效应：基于面板数据的分析［J］. 世界经济，2003（6）：3－8.

［38］唐晓云. 国际技术扩散的空间效应与东亚实例［J］. 世界经济研究，2004（12）：46－51.

［39］邱立成. 跨国公司研究与开发的国际化［M］. 北京：经济科学出版社，2001.

［40］王益民，宋琰纹. 全球生产网络效应、集群封闭性及其"升级悖论"——基于大陆台商笔记本电脑产业集群的分析［J］. 中国工业经济，2007（4）：46－53.

［41］吴解生. 论中国企业的全球价值链"低环嵌入"与"链节提升"［J］. 国际贸易问题，2007（5）：108－112.

［42］吴先明. 中国企业对发达国家的逆向投资：创造性资产的分析视角［J］. 经济理论与经济管理，2007（9）：52－57.

［43］文嫮，曾刚. 全球价值链治理与地方产业网络升级研究［J］. 中国工业经济，2005（7）：20－27.

［44］文嫮. 嵌入全球价值链的中国地方产业网络升级机制的理论与

实践研究 [D]. 上海：华东师范大学, 2005.

[45] 冼国明, 杨锐. 技术积累、竞争策略与发展中国家对外直接投资 [J]. 经济研究, 1998 (11): 56 – 63.

[46] 项本武. 东道国特征与中国对外直接投资的实证研究 [J]. 数量经济技术经济研究, 2009 (7): 33 – 46.

[47] 肖建清, 刘德学, 高南南. 全球生产网络下中国外向型产业集群升级对策研究 [J]. 经济论坛, 2009 (4): 37 – 39.

[48] 肖卫国. 跨国公司海外直接投资研究——兼论加入 WTO 新形势下我国利用外商直接投资的战略调整 [M]. 武汉：武汉大学出版社, 2002.

[49] 徐康宁, 陈建. 国际生产网络与新国际分工 [J]. 国际经济评论, 2007 (6): 38 – 41.

[50] 杨波, 王静. 江苏省制造业利用外资的产业结构升级效应实证分析 [J]. 产业经济研究, 2004 (6): 34 – 39.

[51] 杨国庚, 杨奇. 产业结构优化升级研究理论综述 [J]. 经济理论研究, 2009 (9): 7 – 9.

[52] 杨先明. 国际直接投资、技术转移与中国技术发展 [M]. 北京：科学出版社, 2004.

[53] 尹冰. 中国企业的对外直接投资与技术进步 [J]. 社会科学家, 2003 (5): 45 – 48, 53.

[54] 俞荣建, 吕福新. 由 GVC 到 GVG："浙商"企业全球价值体系的自主构建研究——价值权力争夺的视角 [J]. 中国工业经济, 2008 (4): 128 – 136.

[55] 詹霞. 基于全球价值链视角的地方产业集群升级对策 [J]. 企业经济, 2007 (8): 60 – 63.

[56] 赵君丽, 吴建环. 全球生产网络下知识扩散与本地产业集群升级 [J]. 科技进步与对策, 2009 (11): 36 – 40.

[57] 张辉. 全球价值链动力机制与产业发展策略 [J]. 中国工业经济, 2006 (1): 40 – 48.

[58] 张辉. 全球价值链下西班牙鞋业集群升级研究 [J]. 世界经济研究, 2006 (1): 84 – 89.

[59] 张海洋. R&D 两面性、外资活动与中国工业生产率增长 [J]. 经济研究, 2005 (5): 107 – 117.

［60］张纪．产品内国际分工中的收益分配——基于笔记本电脑商品链的分析［J］．中国工业经济，2006（7）：37－44．

［61］张杰，刘志彪．制度约束、全球价值链嵌入与我国地方产业集群升级［J］．当代财经，2009（8）：84－91．

［62］张杰，刘志彪．需求因素与全球价值链形成——兼论发展中国家的"结构封锁型"障碍与突破［J］．财贸经济，2007（6）：1－10．

［63］张少军．贸易投资一体化与研发投入——基于中国行业面板数据的实证分析［J］．世界经济研究，2008（8）：44－55．

［64］张文宣．全球价值链理论及其实践应用［D］．西安：西北大学，2008．

［65］张向阳，朱有为，孙津．嵌入全球价值链与产业升级——以苏州和温州两地为例［J］．国际贸易问题，2005（4）：63－68．

［66］张小蒂，朱勤．论全球价值链中我国企业创新与市场势力构建的良性互动［J］．中国工业经济，2007（5）：30－38．

［67］张艳辉．全球价值链下长三角产业升级的实证分析——以电子及通讯设备制造业为例［J］．上海经济研究，2010（3）：53－67．

［68］赵伟，古广东，何元庆．外向FDI与中国技术进步：机理分析与尝试性实证［J］．管理世界，2006（7）：53－60．

［69］赵伟，古广东．中国企业跨国并购现状分析与趋向预期［J］．国际贸易问题，2005（1）：108－111．

［70］邹玉娟，陈漓高．我国对外直接投资与技术提升的实证研究［J］．世界经济研究，2008（5）：70－77．

［71］王荣艳．中国承接生产者服务外包区域竞争力研究［J］．世界经济研究，2012（12）：60－65．

［72］耿楠．东亚生产网络发展及其与外部市场关系考察［J］．亚太经济，2011（1）：32－37．

［73］林桂军．东亚区域生产网络发展与东亚区域经济合作的深化［J］．国际贸易问题，2012（11）：4－18．

［74］喻春娇．东亚生产网络分工提高了我国制造业的出口竞争力吗［J］．国际贸易问题，2012（5）：53－62．

［75］周昕．产品内分工距离与生产网络区位优势［J］．世界经济研究，2012（7）：46－51．

［76］李冀申．中国在全球生产网络中的转型路径与双边贸易失衡的

定量分析 [J]. 世界经济研究, 2012 (10): 40 - 47.

[77] 范爱军. 中国在东亚生产网络中的分工地位检验 [J]. 财贸研究, 2012 (2): 1 - 6.

[78] 陶锋. 代工模式的分工位置、组织特征与技术追赶 [J]. 国际经贸探索, 2011, 27 (5): 25 - 32.

[79] 胡飞. 制造业全球价值链分工的环境效应及中国的对策 [J]. 经济问题探索, 2016 (3): 151 - 155.

[80] 程大中. 中国参与全球价值链分工的程度及演变趋势 [J]. 经济研究, 2015 (9): 4 - 15.

[81] 赵素萍, 葛明, 林玲. 全球价值链分工背景下中国出口价值来源分析 [J]. 对外经贸大学学报, 2015 (5): 14 - 23.

[82] Andrew C. Inkpen, Anant K. sundaram Kristin Rockwood. Cross-border Acquisitions of U. S. Technology Assets [J]. California Management Review, 2000, 42 (3): 50 - 71.

[83] Arndt, Sven W. and Henryk Kierzkowski, eds. Fragmentation: New Production and Trade Patterns in the World Economy [M]. Oxford University Press, 2001.

[84] Bair, J. and Gereffi, G. Local Clusters in Global Chains: The Cause and Consequences of Export Dynamism in Torreon's Blue Jeans Industry [J]. World Development, 2001, Vol. 29, No. 11, pp. 1885 - 1903.

[85] Bazan, L., and Navas - Alemán, L. Upgrading in Global and National Value Chains: Recent Challenges and Opportunities for the Sinos Valley Footwear Cluster [R]. Brazil in Schmitz, H (ed.), Local Enterprises in the Global Economy: Issues of Governance and Upgrading, Cheltenham: Edward Elgar, 2003.

[86] Braconier H., Ekholm K., Midelfart Knarvik K. H. In Search of FDI-Transmitted R&D Spillovers: A Study Based on Swedish Data [J]. Weltwirtschafliches Archiv, 2001, 137 (4): 644 - 665.

[87] Braconier, H. and K. Ekholm, Foreign Direct Investment in Eastern and Central Europe: Employment Effects in the EU, Mimeo, Stockholm School of Economics (Revised Version of CEPR Discussion Paper 3052), 2002.

[88] Branstetter L. Is Foreign Direct Investments a Channel of Knowledge Spillovers [J]. Evidence form Japan's FDI in the United States, NBER Working

Paper No. 8015，2000.

［89］Bruce Kogut. Designing Global Strategies：Comparative and Competitive Value-added Chains ［J］. Sloan Management Review，1985.

［90］Cantwell，J. and P. E. Tolentino. Technological Accumulation and Third World Multinational，Discussion Paper in International Investment and Business Studies，No. 139，1990，University of Reading.

［91］Carr，D. Markusen J. and Maskus，K. Estimating the Knowledge – Capital Model of the Multinational Enterprises ［M］. University of Colorado manuscript，1998.

［92］Coe，D. and Helpman E. International R&D Spillovers ［J］. European Economic Review，1995，39（5）：859 – 887.

［93］Coe，D. ，Helpman，E. and Hoffmaister. North – South R&D Spillovers ［J］. Economic Journal，1997，107：134 – 149.

［94］Cohen W. ，Levinthal D. Absorptavie capability：A New Prospective on Learning and Innovation ［J］. Administrative Science Quarterly，1990（35）：128 – 152.

［95］Driffield，Nigel and Love，James H. Foreign Direct Investment，Technology Sourcing and Reverse Spillovers ［J］. The Manchester School，2003，71（6）：659 – 672.

［96］Driffield，Nigel and Love，James H. Who Gains from Whom? Spillovers，Competition and Technology Sourcing in the Foreign-owned Sector of UK Manufacturing ［J］. Scottish Journal of Policial Economy，2005，52（5）：663 – 686.

［97］Ethier，W. National and International Returns to Scale in the Modern Theory of Internatonal Trade ［J］. American Economic Review，1982，72（3）：389 – 405.

［98］Feenstra，R. Trade and Uneven Growth ［J］. Journal of Development Economics，1996，49（1）：229 – 256.

［99］Feenstra，R. Intergration of trade and disintegration of production in the global economy ［J］. Journal of Economic Perspective，1998，12（4）：31 – 50.

［100］Fosfuri，A. ，Motta，M. and Ronde，T. Foreign Direct Investment and Spillovers through Workers' Mobility ［J］. Journal of International Economics, 2001, 53 (1): 205 – 222.

[101] Fosfuri A, Motta M, Ronde T. Foreign Direct Investment and Spillovers through Workers' Mobility [J]. Journal of International Economics, 2001, 53 (1): 205 – 222.

[102] Gereffi, G. International Trade and Industrial Up-grading in the Apparel Commodity Chain [J]. Journal of International Economics, 1999.

[103] Gereffi, G and Korzeniewicz, M. Commodity chains and global capitalism [M]. London: Pager, 1994: 96 – 98.

[104] Gereffi, G. International trade and industrial upgrading in the apparel commodity chain [J]. Journal of International Economics, 1999a, 48 (6).

[105] Gereffi, G. A commodity chains framework for analyzing global industries [M]. Durham: Duke University, 1999b: 9.

[106] Gereffi, G., Humphrey, J. Sturgeon, T. The Governance of Global Value Chain: An Analytic Framework [J]. Paper Presented at the Bellagio Conference on Global Value Chains, 2003 (4).

[107] Grossman, G. and Helpman E. Comparative Advantage and Long – Run Growth [J]. American Economic Review, 1990, 80 (4): 796 – 815.

[108] Grossman, G. and Helpman E. Innovation and Growth in the Global Economy [M]. the MIT Press, Cambridge, 1991.

[109] Hobday, M. Innovation in East Asia: The challenge to Japan [M]. Cheltenham: Edward Elgar, 1995.

[110] Head C. Keith, Ries, John C, Swenson, Deborah L. Attracting Foreign Manufacturing: Investment Promotion and Agglomeration [J]. Regional Science and Urban Economics, 1999, 29 (2): 197 – 218.

[111] Head, C. Keith, Ries, John C. Offshore Production and Skill Upgrading by Japanese Firms [J]. Journal of International Economics, 2002, 58 (1): 81 – 105.

[112] Henderson J. Danger and Opportunity in the Asia Pacific [A]. In: Thompson G. Economic dynamism in the Asia Pacific [M]. London: Routledge, 1998: 356 – 384.

[113] Humphrey, J. and Schmitz, H. Governance and Upgrading: Linking Industrial Cluster and Global Value Chain Research [M]. Institute of Development Studies, 2000.

[114] Humphrey, J. and Schimitz, H. Developing Country Firms in the World Economy: Governance and Upgrading in Global Value Chains [R]. IN-EF Report 61/2002. Duisburg: INEF – University of Duisburg, 2002.

[115] Jaffe A, Trajtenberg M. Henderson R. Geographic Localization of Knowledge Spillovers as Evidenced by Patent Citations [J]. Quarterly Journal of Economics August, 1993: 577 – 598.

[116] Kaplinsky, R. and Morris, M. A Handbook for Value Chain Research [Z]. Prepared for the IDRC, 2002.

[117] Kaplinsky, R. and Memedovic, O. The Global Wood Furniture Value Chain: What Prospects for Upgrading by Developing Countries? http://www.unido.org/doc/, 2003.

[118] Kogut, B., Chang, S. Technological Capabilities and Japanese Foreign Direct Investment in the United States [J]. The Review of Economics and Statistics, 1991, 73: 401 – 413.

[119] Kogut, B. Designing Global Strategies: Comparative and Competitive Value-added Chains [J]. Sloan Management Review, 1985, 26 (24): 15 – 28.

[120] Lichtenberg F. R. and van Pottelsberghe de la Potterie B. International R&D Spillovers: A Re-examination, NBER Working Papers, 1996, No. 5668.

[121] Mansfield. E (ed.), Technology Transfer Productivity and Economic Policy [M]. W. W. Norton, 1982: 242.

[122] Mohammed Saad, Margaret Greenwood. Technology transfer projects in developing countries-furthering the Project Management perspectives [J]. International Journal of Project Management, 2002, 20 (8): 617 – 625.

[123] Patel, P. and K. Pavitt. National Systems of Innovation under Strain: The Internationalization of Corporate R&D, SPRU Electronic Working Papers Series, 22, Science Policy Research Unit, University of Sussex. 1998.

[124] Pietrobelli, C. and Rabellotti, L. Upgrading in cluster and value chains in Latin American: the role of policies [R]. Washington, D. C., Inter – American Development Bank, 2004.

[125] Poter M, Competitive Advantage: Creating and Sustaining Superior Performance [M]. New York: The Free Press, 1985.

[126] Siotios Georges. Foreign Direct Investment Strategies and Firms' Capabilities [J]. Journal of Economics & Magement Strategy, 1999, 8 (2): 251 –270.

[127] Teece, D. J. Foreign Investment and Technological Development in Silicon Valley [J]. California Management Review, 1992, 34 (2): 88 –106.

[128] UNCTAD. World Investment Report, Transnational Corporations and the Internationalization of R&D [R]. United Nations, New York and Geneva, 2005.